AF194328

Markus Baum

Klick!

99 Denkanstöße aus dem Buch der Bücher

„Sie werden lachen: Die Bibel!"

Bertold Brecht (1898-1956),
gefragt nach seiner Lieblingslektüre

Markus Baum

Klick!

99 Denkanstöße aus dem Buch der Bücher

Bibliografische Information
der Deutschen Nationalbibliothek:
Die Deutsche Nationalbibliothek verzeichnet diese
Publikation in der Deutschen Nationalbibliografie;
detaillierte bibliografische Daten sind im Internet
abrufbar über http://dnb.dnb.de.

Herstellung und Verlag:
BoD – Books on Demand, Norderstedt

ISBN: 978-3-75681-625-5

Inhaltsübersicht

Vorneweg

Kleine Ursache, große Wirkung: Eine Handvoll Worte reicht manchmal schon aus, um die Welt zu verändern. Viele Sätze aus der Bibel schaffen das, haben dieses Potential. Sie sind zum Teil vor hundert Generationen geprägt worden, haben aber nichts an Kraft eingebüßt. Können auch heute noch etwas auslösen. Sie treffen und erschüttern, bringen viele Menschen ins Grübeln, manche zur Einsicht, einzelne zum Kassensturz oder gar zur Kapitulation. Sie verhelfen Menschen zur Änderung ihrer Sicht der Dinge – manchmal auch zur radikalen Änderung des Lebensstils.

Damit muss man rechnen, darauf sollte man gefasst sein. Eigentlich müsste jede Bibel einen Warnhinweis tragen, in Neonfarben: Vorsicht, heiß – Vorsicht, hochwirksam! Enthält Allergene, kann Menschen auf die Palme bringen, Kopfschmerzen auslösen, aber auch Glücksgefühle, Freudenausbrüche, Erkenntnisschübe. Zugegeben: Das sieht man den meisten Bibelausgaben nicht an. Und die brisanten Sätze sind oft genug auch gut versteckt zwischen weniger aufregenden, gleichwohl ehrlichen und realistischen Schilderungen aus ferner, fremder Vergangenheit.

Allein 1.824 solcher „Spreng-Sätze" hat die Herrnhuter Brüdergemeine in der Hebräischen Bibel, dem Alten Testament der Christenheit identifiziert – und damit den Lostopf bestückt, aus dem seit 1731 für jeden Tag eines Jahres die „Herrnhuter Losungen" gezogen werden. Ähnlich viele denkwürdige Sätze hält das Neue Testament bereit.

Eine kleine Stichprobe von 99 teilweise markanten, teilweise auf den ersten Blick recht unscheinbaren Bibelworten aus dieser großen Sammlung ist die Grundlage dieses Buches. Was diese Worte und Sätze gedanklich so alles auslösen können, das erstaunt mich immer wieder. Und ich kann nur empfehlen: Bitte nicht überrascht sein, wenn es Ihnen genauso geht. Wenn eine biblische Aussage etwas im Kopf in Bewegung setzt. Es muss nicht gleich das große Räderwerk sein – manchmal reicht es schon, wenn ein kleiner Kippschalter umgelegt wird. Klick!

Markus Baum

1. Das ist die Höhe!

Los geht's

Alles, was endet, muss irgendwo und irgendwann einmal angefangen haben. Und alles hat ein Ende, nur die Wurst hat zwei.

Wenn Sie das für eine banale Aussage halten, dann muss ich Sie leider enttäuschen. Alles hat ein Ende – und alles hat einen Anfang: Das ist ganz und gar nicht selbstverständlich. Diese Behauptung ist hochgradig mit Philosophie aufgeladen. Gerade in unserer Zeit wird das mit dem Anfang und mit dem Ende massiv in Frage gestellt. Zum Beispiel wird unter Astrophysikern und Kosmologen ernsthaft diskutiert, ob diese Welt tatsächlich einen Anfang hatte – oder ob es sie vielleicht schon immer gab, nur anders. Ob der Urknall, wenn es ihn gegeben hat, wirklich so ursprünglich war, oder ob es nur ein Knall war, mit ganz viel davor. Auch wenn wir über dieses „Davor" keinerlei Aussagen machen können.

Für die Wissenschaft mag die Frage noch offen sein. Für glaubende Menschen ist sie längst entschieden, stand sie nie wirklich zur Debatte. Die Bibel, das heilige Buch der Juden und der Christen, beginnt genau damit. *„Am Anfang schuf Gott Himmel und Erde."* Punkt. Zu Deutsch: Es gab einen Anfang, natürlich, und diesen Anfang hat Gott markiert. Gott hat das Universum erschaffen, er hat sich das alles ausgedacht, ihm verdanken wir diesen schönen, lebensfreundlichen blauen Planeten, und ihm verdanken wir unser Leben.

Alles hat ein Ende, auch unsere Welt, und auch bei diesem Ende wird Gott Regie führen. Mehr noch: Gott hat offensichtlich auch schon eine Fortsetzung geplant. Auf den letzten Seiten der Bibel ist von einem neuen Himmel und einer neuen Erde die Rede. „Am Anfang schuf Gott Himmel und Erde." Und seit diesem Anfang kümmert er sich um seine Schöpfung. Also auch um Sie und um mich. Gut zu wissen.

Was will er denn?

„Du machst ja doch, was du willst". Wenn ich so etwas zu einem Mitmenschen sage, dann ist es in der Regel nicht schmeichelhaft gemeint. Dann schwingt da oft ein Vorwurf mit, oder es klingt resignierend.

Nun steht es uns Menschen nicht an, <u>Gott</u> Vorwürfe zu machen. Und die Liederdichter Israels hatten das vermutlich auch nicht im Sinn, als sie vor etwa 2.500 Jahren den 135. Psalm verfasst haben. *„Alles, was der Herr will, das tut er"*, heißt es da, und zwar tut er es wo? *„Im Himmel und auf Erden, im Meer und in allen Tiefen"* (Psalm 135,6).

Gott macht, was er will. Das könnte bedrohlich klingen, wenn wir nicht zugleich wüssten, dass Gott gütig ist und barmherzig. Wir wissen, <u>was</u> er will – und was er <u>nicht</u> will. <u>Gott will</u>, dass allen Menschen geholfen wird. Alle sollen zur Erkenntnis der Wahrheit kommen. Gott will <u>nicht</u>, dass fehlbare, sündige Menschen unerlöst sterben. Keiner und keine soll ahnungslos ins Verderben rennen. Und was Gott will, das tut er auch, und was er nicht will, das verhindert er. Da schiebt er einen Riegel vor. Im Himmel und auf Erden. Im Meer und in allen Tiefen.

Die Psalmisten, also die Songwriter Israels, wussten freilich auch: Gott spannt uns Menschen gerne ein, um seinen Willen umzusetzen. Da ist öfter mal von Leuten die Rede, die den Willen Gottes <u>tun</u> (Ps. 40,9; Ps. 103,21). Was Gott will, das tangiert mich also durchaus. Manchmal vielleicht mehr, als mir lieb ist.

Aber ich habe es ja so gewollt. Als Christ spreche ich regelmäßig das Gebet, das Jesus seine Jünger gelehrt hat, und darin bitte ich Gott ausdrücklich: „Dein Wille geschehe – wie im Himmel, so auf Erden." Anders ausgedrückt: „Gott, mach doch einfach, was du willst." Und ich bin sicher: Gott nimmt mich beim Wort. Er lässt sich nicht daran hindern, seinen Willen durchzusetzen. Am wenigsten von mir. Und das ist gut so.

Aussterbende Gattung

Der Dativ ist dem Genitiv sein Tod. Traurig, traurig. Im Alltagsdeutschen verschwindet der zweite Fall zusehends. Und dort, wo er sich noch behaupten kann, trägt er auch nicht immer zu seiner Popularität bei. Beispiel gefällig? Ein Vers aus den Sprüchen Salomos Kapitel 1: *„Die Furcht des Herrn ist der Anfang der Erkenntnis."* Wessen Furcht? Die des Herrn. Wessen Anfang? Der der Erkenntnis. Zweimal Genitiv gleich einmal Verwirrung. Denn natürlich fürchtet sich nicht Gott, der Herr. Sondern es geht um die Furcht VOR Gott, dem Herrn. Furcht im Sinne von Ehrfurcht. Ehrfurcht vor Gott ist der Anfang der Erkenntnis. Erkenntnis im Sinne von Einsicht. Wo ich Ehrfurcht vor Gott habe, da wird's Tag. Da geht mir ein Licht auf. Da bekomme ich Durchblick.

„Die Furcht des Herrn ist der Anfang der Erkenntnis." Mal abgesehen von der Sache mit dem Genitiv eignet sich dieser Satz nicht, um Menschen einzuschüchtern. Im Gegenteil. Dieser Satz macht Mut, macht mutig. Im Prinzip muss ich keinen Respekt haben, vor nichts und niemand – mit einer Ausnahme: Vor Gott schon. Ihm gebührt mein Respekt, meine Ehrfurcht, meine Verehrung. Ganz unbedingt.

Und dann birgt dieser Satz auch noch einen Schlüssel. Nämlich den Schlüssel zur Weisheit. Gott ist der Inbegriff, der Hort der Vernunft und der Weisheit. Ehrfurcht vor Gott schließt mir diese Weisheit auf. Jedenfalls einen Zipfel davon. Und das ist in einer ratlosen Welt schon ziemlich viel.

Mit dem Falschen angelegt

Im Märchen vom Tapferen Schneiderlein, da legt sich ein etwas übermütiges kleines Kerlchen mit einem Riesen an – und gewinnt. Die Botschaft ist klar: Köpfchen siegt über Muskelkraft, Intelligenz und Cleverness ist wichtiger als körperliches Vermögen.

Viele Menschen haben diese Botschaft verinnerlicht. Manche allerdings übertreiben es dabei. Sie übertragen die märchenhafte Pointe auf Gott. Und das ist gefährlich. Denn Gott ist kein tumber Riese, den man einfach übertölpeln könnte. Gott ist definitionsgemäß allmächtig. Und das heißt: Er ist allemal schlauer als wir. Wir können uns zwar mit ihm anlegen, aber wir sollten uns besser nicht darauf verlassen, dass wir gewinnen.

Vor rund 2.700 Jahren hat Gott durch den Propheten Jesaja die Ansage gemacht: *„Ihr in der Ferne, hört, was ich tue; ihr in der Nähe, erkennt meine Kraft!"* (Jesaja 33,13) – Was hat er denn getan, und worin hat sich seine Kraft ausgedrückt? Nun, er hat antike Großreiche überhaupt erst groß werden lassen – und hat sie innerhalb weniger Generationen auch wieder von der Landkarte getilgt. Hat anmaßende Gewaltherrscher zurechtgestutzt und großmäulige Potentaten vom Thron gestoßen, hat kleine, nach menschlicher Erfahrung eigentlich nicht überlebensfähige Gemeinwesen über Jahrhunderte blühen und gedeihen lassen. Und was er damals drauf hatte, das kann ein allmächtiger und ewiger Gott natürlich auch heute noch. Wetten dass?

Kommt ein Mann zum Arzt...

Zahllose Witze rund ums Thema Gesundheit, körperliches Wohlergehen, wirkliche und eingebildete Krankheiten beginnen so: „Kommt ein Mann zum Arzt...“. Ich habe noch nie einen Witz gehört, der mit den Worten begonnen hätte: „Kommt ein Mann zur Sprechstundenhilfe...“. Das hätte vielleicht auch seinen Reiz, aber da fehlt einfach das Gefälle zwischen den Halbgöttern in Weiß und den normalen Sterblichen. Mit der freundlichen Arzthelferin kann ich mich vielleicht über Hausmittelchen gegen meine Leiden unterhalten. Aber ob sie die richtige Diagnose stellt, die richtige Therapie weiß? Darauf würde ich dann doch keine Wette abschließen. Vom Arzt oder von der Ärztin mit Doktortitel und akademischem Hintergrund und jahre-, wenn nicht jahrzehntelanger Erfahrung im Klinikbetrieb oder in der Privatpraxis, von dem oder der erwarte ich fundierten Rat. Der oder die soll mein Leiden lindern, am besten ganz kurieren.

Kommt ein Mann zum Arzt, und das ist jetzt kein Witz. Der Arzt ist Gott. Er behauptet es jedenfalls von sich selbst: *„Ich, der Herr, bin dein Heiland, und ich, der Mächtige, dein Erlöser.“* Das sagt er so im Buch des Propheten Jesaja (Jesaja 60,16). Indem Gott das so vollmundig behauptet, erklärt er alle sonstigen vermeintlichen Gurus und Heiler und Erlöser zu Scharlatanen und Großsprechern. Und das hat schon etwas zu bedeuten. Vor allem, wenn ich in Rechnung stelle, dass ich wie alle anderen Menschen an der Krankheit zum Tode leide – an der fatalen menschlichen Neigung zur Sünde, zu Regelverstößen aller Art in Gedanken, Worten und Taten. An einer unüberbrückbaren Diskrepanz zwischen Wollen und Vollbringen. Es gibt für mich keine Rettung. Es sei denn, dieser Arzt, dieser Heiland kuriert mich. Erlöst mich von meinem Leiden. Er hat die Macht dazu, auch ohne weißen Kittel und Stethoskop. Deshalb geh ich zu Gott und bleibe nicht im Vorzimmer stehen. Ich will nicht zur Sprechstundenhilfe, sondern ich gehe zum Arzt.

Nebukadnezar ist kein Raumschiff

Der babylonische Hochkönig Nebukadnezar ist Leuten U50 hierzulande vor allem deshalb ein Begriff, weil in der Filmtrilogie „Matrix" das Raumschiff der Rebellen nach ihm benannt ist - warum auch immer. Im wirklichen Leben war Nebukadnezar ein cholerischer Gewaltherrscher. Seinen Hofbeamten und Beratern machte er das Leben schwer. Im Alten Testament und da im Buch Daniel wird berichtet, dass Nebukadnezar einmal sogar die Liquidierung der gesamten intellektuellen Oberschicht seines Reiches anordnete. Und warum? Weil keiner der babylonischen Weisen in der Lage war, einen Traum des Herrschers schlüssig zu deuten.

Der jüdische Beamte Daniel konnte erreichen, dass die Hinrichtungswelle ein wenig aufgeschoben wurde, und arrangierte mit ein paar Freunden einen Gebetsmarathon. Schon in der folgenden Nacht ging Daniel der Sinn von Nebukadnezars Traum auf. Und er nahm sich trotz der angespannten Lage Zeit für ein Dankgebet. Es begann mit den Worten: *„Gelobt sei der Name Gottes von Ewigkeit zu Ewigkeit, denn ihm gehören Weisheit und Stärke!"* (Daniel 2,20).

Gut, dass Nebukadnezar das nicht gehört hat. Denn das war ein ausgesprochen subversives Gebet. Dem Hochkönig, der Ministerpräsidentin, dem Kanzler gebührt vielleicht auch ein bisschen Respekt, aber nur für begrenzte Zeit. Gott dagegen hat von Ewigkeit zu Ewigkeit Lob und Ehre verdient. Und was Weisheit und Stärke angeht: Auch die hat Daniel nicht in der politischen Elite seiner Zeit vermutet. Sondern ebenfalls bei Gott.

Was lernen wir daraus? Wenn wir den Kopf einziehen sollen, dann nicht vor Menschen, nur vor Gott – dem Gott, der schon vor aller Zeit da war und noch immer sein wird, wenn die letzte Uhr aufgehört hat zu ticken. Und wenn wir Weisheit und Stärke brauchen, dann können wir uns praktischerweise an dieselbe Adresse wenden. An Gott. Denn der ist immer noch da. Während Nebukadnezar längst Geschichte ist.

Das nasse Element

Wasser ist zum Trinken da, zum Waschen und Spülen, und nicht zuletzt zur Erholung: für Fuß- oder Voll- oder Wellnessbäder. Viele Menschen fühlen sich im Wasser ganz in ihrem Element. Wasser spendet Leben, ohne Wasser ist unsere Existenz unmöglich. Wasser hat aber auch eine bedrohliche Seite, und die hängt nicht von der Menge ab. Unter besonders unglücklichen Umständen kann man sogar in einer flachen Pfütze ertrinken.

Der See Genezareth im Norden Israels ist mit 46 Metern Tiefe wahrlich keine flache Pfütze. Wenn starker Wind aufkommt, was unter den klimatischen Bedingungen dort gar nicht so selten ist, dann verwandelt sich das beschauliche Gewässer in Nullkommanichts in einen tosenden Kessel mit beängstigendem Wellengang. Ich war schon mal Zeuge dieses Naturschauspiels – vom sicheren Ufer aus. Seither kann ich mir die Panik der Männer vorstellen, die in ihrem Fischerboot vor knapp 2.000 Jahren weit draußen auf dem See in einen Sturm geraten sind. Nur einer von der Bootsbesatzung ist nicht in Panik geraten: Jesus. Von dem heißt es im Markusevangelium: *„Jesus stand auf und bedrohte den Wind und sprach zum Meer: Schweig und verstumme! Und der Wind legte sich und es entstand eine große Stille"* (Markus 4,39).

Wenn einem schon ein Sturm am See Genezareth Furcht einflößen kann, dann hat Jesus, der Mann aus Nazareth, der Sohn Gottes, der über die Elemente herrscht, meinen Respekt verdient – und mein Vertrauen.

Ganz anders

Totaliter aliter: Das ist lateinisch und bedeutet „ganz anders." Totaliter aliter – das klingt gut, das klingt wie gereimt, und das schmeichelt dem menschlichen Gehör. Totaliter aliter – mit dieser Formel hat der Schweizer Theologe Karl Barth zu Beginn der 20er Jahre des letzten Jahrhunderts Gottes Wesen charakterisiert. Gott ist der ganz Andere. Gott tickt anders, rechnet anders, handelt anders, als wir Menschen es uns vorstellen können. Auch in unseren kühnsten Träumen können wir uns nicht ausmalen, wozu Gott in der Lage ist – und was er noch alles auf Lager hat. Totaliter aliter.

Gott ist so ganz anders, seine Ideen sprengen unseren menschlichen Horizont, sein Denken ist für uns einfach zu hoch, und deshalb haben wir auch unsere liebe Mühe mit Gott. Totaliter aliter. Wie soll man sich diesem fremden, andersartigen Gott nähern? Geht das überhaupt? Mal vorausgesetzt, dass er uns natürlich versteht – aber wie kann er sich uns verständlich machen? Wie können wir etwas von ihm begreifen?

Wir brauchen ein Medium. Eine Schnittstelle. Einen Vermittler. Und an der Stelle kommt Jesus ins Spiel. *„Nur einer ist Gott, und nur einer ist der Vermittler zwischen Gott und den Menschen: der Mensch Jesus Christus"*, so heißt es in einem Brief, den der Apostel Paulus vor 1.950 Jahren an seinen Mitarbeiter Timotheus geschrieben hat (1.Timotheus 2,5). Will heißen: Jesus ist Gottes Generalbevollmächtigter unter uns Menschen. Jesus kann himmlisch – da kommt er nämlich her. Er kann aber auch menschlich. Er hat das von klein auf gelernt. Er ist in beiden Sphären zuhause. Deshalb kann er uns den ganz anderen Gott begreiflich machen. Und genau das tut er. Er bringt uns den großen, so ganz andersartigen Gott nah. Nur er schafft das. Nur er kriegt das hin.

Abseits von Jesus, rechts und links von ihm gibt es vielleicht ehrenhafte Vermittlungsbemühungen. Aber wenn Gott wirklich totaliter aliter ist, ganz anders – dann können diese Versuche nur scheitern. Die Initiative muss schon von Gott ausgehen. Und Jesus ist Gottes Vermittlungsinitiative. In Person. Wer den ganz anderen Gott verstehen möchte, muss schon Jesus fragen.

... aber bitte sofort!

Geduld ist eine Tugend, eine seltene und kostbare noch dazu in unserer hastigen Instant-Welt. Alles muss auf Bestellung, auf Knopfdruck funktionieren. Alles muss pronto gehen und fix. Dabei strapaziert gerade die moderne Welt unsere Geduld bis aufs Äußerste. Ich sag mal nur: Verwaiste Autobahnbaustellen in der Ferienzeit. Warum rührt sich da tage- und wochenlang keine Hand, während sich der Verkehr nebenan im Schritttempo über verengte Fahrstreifen wälzt? Oder nehmen wir die Bildung: zehn oder zwölf oder dreizehn Jahre Schule bis zu einem qualifizierten Abschluss – da kann man unterwegs schon kribbelig werden. Geht das nicht schneller? Gibt's keine Abkürzung? Gibt es nicht. Gut Ding will Weile haben. Jeder Mensch muss das lernen. Vor dem Lohn kommt die Mühe, vor dem Erfolg die Anstrengung, und bis Früchte reifen, geht viel Zeit ins Land. Deshalb ist Geduld nötig. Geduld mit anderen, Geduld mit uns selbst. Gar nicht so einfach.

Zu unserem Glück ist wenigstens Gott geduldig. Wenigstens er kann das. Und er braucht das auch. Muss viel Geduld für uns aufbringen. Wir Menschen machen es ihm wirklich nicht leicht, reizen ihn oft aufs Blut – selten absichtlich, oft ahnungslos. Gott hätte wahrlich oft Grund, die Sache abzukürzen. Ein Ende zu machen. Aber er tut es nicht. Warum nicht? Weil er seinem Wesen nach geduldig ist.

Uns bringt das vielleicht auf die Palme, uns bringt es manchmal sogar gegen Gott auf, dass er oft zusieht. Sich nicht gleich einmischt. Nicht gleich interveniert. Nicht gleich drein schlägt. Dabei ist das ein Zeichen seiner Geduld. Und damit ein gutes Zeichen. Wäre es uns denn wirklich lieber, er holt den Knüppel raus und macht kurzen Prozess? Doch wohl eher nicht.

Ziemlich am Ende der Bibel, im 2. Petrusbrief, findet sich der aufschlussreiche Appell: *„Die Geduld unseres Herrn erachtet für eure Rettung"* (2.Petrus 3,15). Wenn Gott geduldig ist, dann ist er nicht abwesend. Nicht gelähmt. Nicht teilnahmslos. Im Gegenteil: Er gibt uns noch eine Chance. Die Zeit, die er sich lässt, die lässt er uns. Er will uns retten. Gott sei Dank, dass er so geduldig ist.

2. Das gilt!

Am besten brutto

Rosinen sind nicht jedermanns Sache. Meine schon. Ich mag Rosinen. Und ich kenne auch das Phänomen des Rosinenpickens. Ist mir nicht fremd. Hefeschnecken mit Zuckerguss und vielen Rosinen, Hefezöpfe mit eingebauten Rosinen – lecker! Wobei mir das Drumherum freilich fast genauso gut schmeckt wie die supersüßen integrierten Früchte.

Rosinenpickerei gibt's auch im Umgang mit der Bibel. Manche biblische Aussage geht leicht runter, die hört man sich gerne an, die lässt man sich gerne sagen. Zum Beispiel diese hier: *„Siehe, ich bin mit dir und will dich behüten, wo du hinziehst"* (1. Mose 28,15) Eine Mut machende Verheißung Gottes. Sowas hängt man sich gerne über den Schreibtisch, sowas prägt man sich gerne ein. Aber Vorsicht: Wer sich nur von Rosinen und damit von Dörrobst ernährt, kriegt über kurz oder lang Probleme mit der Verdauung. Wer nur selektiv Bibel liest, sich nur die netten, freundlichen Aussagen herauspickt und das Drumherum vernachlässigt, bekommt unvermeidlich auch Probleme.

„Siehe, ich bin bei dir und will dich behüten, wo du hinziehst." Wem hat Gott das eigentlich gesagt? Es war auf Jakob gemünzt. Jakob, das Schlitzohr. Der Betrüger, der den eigenen Vater und Bruder übers Ohr gehauen hat. Wenn Gott diesem Spitzbuben sagt: „Ich bin mit dir", dann hat das bei allem Wohlwollen auch etwas Ernüchterndes. Dieser Gott, der auf Jakob aufpasst, der schaut ihm eben auch auf die Finger. Außerdem: In welcher Lage war denn Jakob damals, als Gott ihm diese Verheißung gab? Er war auf der Flucht. Sein Bruder war ihm auf den Fersen und wollte ihm ans Leben. Und was hatte er vor sich: 14 Jahre Lohnarbeit im Dienst seines Onkels. Der war ein noch größeres Schlitzohr und hat Jakob das Leben wahrlich nicht leicht gemacht.

„Siehe, ich bin bei dir und will dich behüten, wo du hinziehst. " So eine Verheißung muss man schon brutto nehmen. Wer die Rosinen will, muss auch den Hefekuchen drum herum schlucken. Gott verheißt eben nicht pauschal Glück, Gesundheit und ein unbeschwertes langes Leben. Die Verheißung ist ein Wort für die Wechselfälle des Lebens. Wer am trockenen Hefekuchen schwer zu kauen hat, dem oder der wird diese Rosine besonders gut schmecken.

Ruhiger schlafen

Lang ist's her. Knapp 3½ tausend Jahre. So lange schon lebt Israel, das Bundesvolk Gottes, mit einem grandiosen Versprechen. Was hat Gott denn damals versprochen auf der quälend langen Wanderung durch die Wüste, was hat er seinen Leuten in Aussicht gestellt? Unter anderem Frieden und Sicherheit. *„Ich will Frieden schaffen im Lande, und ihr werdet ruhig schlafen, ohne dass euch jemand aufschreckt"*, hat Gott verheißen im Schlusskapitel des 3. Buches Mose, einer Sammlung von Ausführungsbestimmungen und Verordnungen (3.Mose 26,6).

Frieden im Land, ungestörter Schlaf. Äußere und innere Sicherheit. Nichts Geringeres als das hat Gott damals versprochen für den Fall, dass sein Volk in der Spur bleibt und seine Gebote befolgt.

Freilich zeigt ein Blick in die Geschichte des Volkes Israel zu biblischen Zeiten, dass Gottes Volk nicht sonderlich gebotstreu war. Jedenfalls nicht dauerhaft. Oft haben sich die Israeliten eher auf die eigene Kraft, die eigene Klugheit verlassen als auf den Gott, dem sie ihr Dasein verdankten. Ergebnis: Vorbei war's mit Frieden und Sicherheit. Auch ein enormes Aufgebot an Militär und Polizei konnte die Grenzen nicht sichern, die Ruhe im Innern nicht gewährleisten.

Auf unsere heutige Gesellschaft übertragen hieße das: Der Verteidigungshaushalt und der Etat des Bundesinnenministeriums geben auch Aufschluss darüber, wie sehr ein Volk mit Gott rechnet – oder eben nicht. Aber vielleicht muss es ja auch kein ganzes Volk sein; vielleicht reicht wie so oft in der Bibel schon das Gottvertrauen einer qualifizierten Minderheit, damit Gott Frieden und Sicherheit schenkt. Und das hieße: Sie und ich, wir können unseren Beitrag zur inneren und äußeren Sicherheit nicht nur durch Steuern leisten. Sondern durch ein verbindliches und vertrauensvolles Verhältnis zu dem Gott, der Frieden im Land schafft und für ruhigen Schlaf sorgt.

Wie der Himmel entzaubert wurde

Was waren die Menschen der Vorzeit doch naiv. Dachten tatsächlich, am Sternenhimmel würden sich die Götter tummeln. So ein Unsinn. Jedes Kind weiß doch, dass Sonne, Mond und Sterne zwar gewaltig sind, aber nur in materieller Hinsicht. Riesige Gas- und Steinkugeln, zumeist überaus hitzig, lebensfeindlich und eine Ewigkeit von uns entfernt.

Schon richtig: Heute weiß das jedes Kind. Die Sendung mit der Maus und Galileo und Wunderwelt Wissen, die sorgen schon dafür. Die Menschen der Vorzeit dagegen, die hatten noch keine Fernsehdokumentationen, keine Teleskope, keine Teilchenphysik. Die mussten sich ohne all das einen Reim machen auf den Reigen am nächtlichen Himmel. Aber dumm waren auch sie nicht. Schon vor 3.000 Jahren haben einige ebenso fromme wie vernünftige Menschen den Himmel entzaubert.

In Psalm 33,6 hat ein israelischer Poet gedichtet: *„Der Himmel ist durch das Wort des Herrn gemacht und all sein Heer durch den Hauch seines Mundes."* – „All sein Heer": Das ist eine Chiffre für die am Nachthimmel verewigten Gottheiten. Die Verehrung dieses Himmelsheeres war ein populärer Kult unter den kanaanäischen Völkern und auch bei den Babyloniern. Und nun kamen die Israeliten und behaupteten: Alles Humbug. Der ganze Sternenzauber war eine Idee unseres Gottes. Wer an Gott, den Schöpfer des Himmels und der Erde glaubt, der oder die wendet sich nicht an die Sterne, sondern an diesen allmächtigen Gott.

Psalm 33 ist also kein harmloser Schlager, sondern eine Abrechnung mit dem Irrglauben der vorderasiatischen Völker der Antike. Und eine Herausforderung für unser ach so modernes neuzeitliches Denken. Der Himmel ist durch das Wort des Herrn gemacht, und das heißt: Genau so wenig, wie er Sitz antiker Götter ist, genau so wenig ist der Himmel nur das Ergebnis von geistlosen physikalischen Prozessen. Gott hat sich etwas dabei gedacht, als er die Sterne und Planeten schuf. Wenn uns das blinkende Heer des Himmels neugierig macht auf den Urheber und auf sein Wort, dann erfüllt es seinen Zweck. Mehr als das sollten wir in die Sterne und ihre Bahnen nicht hineindeuten.

Emergency!

Telefonnummern in der Bibel? Haha, guter Witz. Telefone gab es zu biblischen Zeiten ja noch gar nicht.

Stimmt auffallend, und trotzdem wird als die biblische Telefonnummer schlechthin die 5015 verbreitet. Psalm 50 Vers 15, um genau zu sein - da lässt Gott durch den Hofsänger und – Dichter Asaf ausrichten: *„Rufe mich an in der Not, so will ich dich erretten, und du sollst mich preisen."*

Die 5015 ist also buchstäblich eine Notrufnummer. Dazu muss man freilich wissen, dass dieser Vers nur ein halber Satz ist. Er muss eigentlich zusammen mit dem vorher gehenden gelesen werden. 5014, der da lautet: *„Opfere Gott Dank und erfülle dem Höchsten deine Gelübde."* In älteren Ausgaben der Lutherbibel heißt es noch etwas plastischer: „bezahle dem Höchsten deine Gelübde." Und direkt danach, nur durch ein Komma abgetrennt, kommt die Notrufanweisung: „und rufe mich an in der Not."

5015 ist also gerade nicht die Versicherung für alle Lebenslagen. Nach dem Motto: Wenn's schief geht, kann ich ja immer noch Gott zu Hilfe rufen. 5015 hilft in erster Linie solchen Leuten aus der Patsche, die bei 5014 nicht zusammenzucken. Wenn Dank für mich ein Fremdwort ist und Gott ein Fremder, wenn er für mich alles ist, nur nicht „der Höchste," dann kann ich es zwar auch mit dem Notruf an Gott versuchen. Aber schon das mit dem Preisen wird mir dann wieder spanisch vorkommen. Und dann werde ich diesen Teil des Deals nicht erfüllen können.

Kurz und gut: 5015 ist die Notrufnummer für Leute, die Gott lobenswert und preiswürdig finden. Nicht erst, wenn's darauf ankommt.

Bitte verraten Sie das niemandem!

Bei einem Empfang zu Ehren des ersten russischen Raumfahrers Juri Gagarin im Jahr 1961 war auch Alexis I. zugegen, der damalige Patriarch der russisch-orthodoxen Kirche. In einem geeigneten Moment nahm er Gagarin zur Seite und fragte ihn: „Haben Sie Gott gesehen, als Sie im All waren?" – Gagarin verneinte. „Mein Sohn", sagte Alexis daraufhin, „Bitte behalten Sie das für sich." Kurz darauf stellte Russlands starker Mann Nikita Chruschtschow Gagarin dieselbe Frage. Diesmal sagte Gagarin aus Respekt vor Alexis, ja, er habe Gott gesehen. Da raunte ihm Chruschtschow eindringlich zu: „Lieber Juri, bitte verraten Sie das niemandem."[1]

Weder Alexis I. noch Chruschtschow hätten sich Sorgen machen müssen. Es ist einerseits schon richtig: Der Sternenhimmel, das Weltall, die Bahnen der Planeten, Gestirne, Sonnensysteme, Galaxien – das alles weist über sich hinaus auf die Größe und Herrlichkeit Gottes. Aber die Vorstellung, Gott da draußen zu finden, irgendwo versteckt hinter den Dingen, die ist doch sehr naiv.

Knapp 3.000 Jahre vor Alexis und vor Chruschtschow hat David, der Hirte auf dem Königsthron Israels, schon eine viel umfassendere Vorstellung von Gott gehabt. *__Der Herr hat seinen Thron im Himmel errichtet, und sein Reich herrscht über alles,"__* sagt David in Psalm 103,19. Der Himmel als Thron Gottes, die Erde als sein Fußschemel, wie es an anderer Stelle in der Bibel heißt: Wenn Gott so unermesslich groß ist, dann hat Gagarin da draußen vielleicht wirklich Gott bei der Arbeit zugeschaut, ohne es zu bemerken. Denn Gottes Reich umfasst alles, die sichtbare und die unsichtbare Welt. Zumindest Alexis I. hätte das eigentlich wissen müssen.

---

[1]   zit. nach Alexei Leonow, „Zwei Mann im Mond", Ullstein Verlag, Berlin 2006

Der kleine Unterschied

I oder A? Den Eseln dieser Welt ist das gleich, sie beherrschen beide Vokale gleich gut. Im Gegenwartsdeutsch macht es freilich schon einen gewissen Unterschied. I – oder A. Wenn ich sage „Es wird etwas", dann ist das etwas ganz anderes, als wenn ich sage: „Es ward." Das Ward weist sprachlich in die Vergangenheit. Kein Mensch des 21. Jahrhunderts würde von sich aus sagen, dass etwas ward. Es wurde vielleicht. Oder beschwörend: Es werde. Obwohl, auch das klingt altertümlich. Oder zweifelnd: Es würde. Vielleicht würde es aber auch nicht. Oder eben zuversichtlich: Es wird.

I oder A – warum erzähle ich das? Weil mich ein zweieinhalbtausend Jahre alter Bibelvers ins Stolpern gebracht hat. Er findet sich im Buch des Propheten Jesaja. In so ziemlich allen aktuellen Bibelübersetzungen beginnt er etwa so: *„Israel wird durch den Herrn errettet, errettet für alle Zeit."* Wird. Mit I. Nur auf dem Zettelchen im Lostopf der Herrnhuter Brüdergemeine, aus dem für jeden Tag eines Jahres die zugehörige Tageslosung gezogen wird, da steht rätselhafter Weise ein A statt des I.

„Israel ward durch den Herrn errettet." Das ist sachlich zwar auch richtig – das Volk Israel ist in seiner wechselvollen Geschichte wiederholt aus lebensbedrohlichen Lagen gerettet worden, oft auf spektakuläre Weise. Ward errettet. Ward mit A. Nur geht es in der nächsten Umgebung dieses Verses im Buch des Propheten Jesaja pausenlos um das, was wird. Wird mit I. Israel wird errettet, und weiter: *„Ihr werdet nicht zuschanden, nicht mit Schmach bedeckt werden in Ewigkeit."* Was für ein Versprechen. Das I macht den Unterschied.

Alternative Zählweise

1 + 1 ergibt nach Adam Riese 2. Einfache Mathematik, Grundschule, erste Klasse. Das gilt im Reich der natürlichen Zahlen, und zwar im ganzen uns bekannten Universum.

Keine Regel ohne Ausnahme. Der christliche Glaube behauptet doch allen Ernstes: 1 + 1 = 3; und 2 + 1 = 4! Das ist nicht etwa aus der Luft gegriffen, das ist die aktenkundige Rechenweise des Stifters und großen Lehrmeisters des christlichen Glaubens – Jesus Christus. Denn was hat Jesus den Männern und Frauen in seiner Wanderuniversität vor knapp 2.000 Jahren eingeschärft: *„Wo zwei oder drei versammelt sind in meinem Namen, da bin ich mitten unter ihnen."* Kann man nachlesen im Matthäusevangelium Kapitel 18.

Damit wird auch klar, unter welchen Bedingungen die klassischen Additionsregeln derart abgeändert werden. Nämlich dort, wo mindestens zwei Menschen zusammenkommen im Namen Jesu, sprich: unter seiner Flage, unter seinem Vorzeichen, im Vertrauen auf ihn. Dort gesellt sich Jesus ganz unauffällig dazu. Und damit hat die Versammlung den denkbar kürzesten Draht zu ihm. Was die zwei, drei, ganz vielen an Bitten formulieren, das landet direkt beim Chef. Ohne Umweg. Entsprechend direkt kann und wird er reagieren. Das hat er versprochen.

1 + 1 = 3: Das ist himmlische Mathematik. Und das ist typisch für Jesus.

Darauf besser nicht verzichten

Glaube hat Konjunktur. Zumindest im Weltmaßstab. Von den inzwischen acht Milliarden Menschen auf diesem Globus ist nur ein Sechstel nicht religiös. Nur etwas mehr als eine Milliarde. Mehr als fünf Milliarden Menschen glauben zumindest an irgendwas, ob nun an einen persönlichen Gott oder an eine unpersönliche höhere Macht. Und von diesen über fünf Milliarden Religiösen bekennen fast zwei Drittel den Gott Abrahams.

Unsere Wahrnehmung im nachchristlichen Mitteleuropa sagt uns natürlich etwas anderes. Mehr als 20 Millionen Menschen in Deutschland sind ohne jede kirchliche oder religiöse Bindung, 30 Millionen bezeichnen sich als konfessionslos. Und ein stattlicher Teil der gegenwärtig noch rund 40 Millionen Kirchenmitglieder hat ein recht diffuses Verhältnis zu Gott, wenn überhaupt. Dass der Gottesglaube hierzulande gewaltigen Zulauf hätte, kann man jedenfalls nicht behaupten.

Dabei entscheidet sich genau daran alles. Ziemlich am Ende der Bibel, im Hebräerbrief, da heißt es unmissverständlich: *„Ohne Glauben ist es unmöglich, Gott zu gefallen. Wer zu Gott kommen will, muss glauben, dass es ihn gibt und dass er die belohnt, die ihn aufrichtig suchen"* (Hebräer 11,6). Der Glaube an einen persönlichen Gott fordert also etwas – dieser Glaube bringt aber auch etwas.

Diese doppelte Einsicht müsste eine gelangweilte und enttäuschte Gesellschaft eigentlich elektrisieren. Viele Menschen wollen sich ja durchaus für etwas einsetzen, fragen aber auch nach dem Ertrag für sich persönlich. Der Glaube an Gott als herausfordernde und lohnende Lebensaufgabe – das muss doch ziehen! Ohne Glauben ist es unmöglich, Gott zu gefallen. Umkehrschluss: <u>Mit</u> Glauben ist eine gute, erfüllte Beziehung zu Gott möglich. Wenn Sie mich fragen: Ich finde das erstrebenswert.

Alles fließt

„Pantha rei" - diese Worte werden dem griechischen Philosophen Heraklit zugeschrieben. „Pantha rei, " das bedeutet: Alles ist im Fluss, alles ist im stetigen Wandel, dauerhaft ist nur die Veränderung. Und das entspricht durchaus der menschlichen Wahrnehmung. Denkmäler bröckeln, scheinbar fest gefügte Wahrheiten und Erkenntnisse verflüchtigen sich.

Pantha rei. Alles fließt. Nichts ist für die Ewigkeit. – Wirklich nichts? Nun, fünfhundert Jahre nach Heraklit ist Jesus Christus über diese Erde gegangen, und der hat für sich in Anspruch genommen, dass er aus der ewigen Welt kommt, aus der Sphäre des einen unveränderlichen, verlässlichen und stetigen Gottes. Was Jesus gelehrt und was er getan hat, das passt nicht in Heraklits Schema. Das hat überzeitliche Qualität.

Einer, der bei Jesus in die Schule gegangen ist, der Verfasser des Hebräerbriefes, argumentiert in seinem Brief ziemlich am Ende des Neuen Testamentes so: Auch wenn alles andere im Fluss ist, auch wenn sonst nichts Bestand hat – eines hat Bestand. Die Hoffnung, die Gott uns anbietet, die ist der feste Anker im reißenden Strom. An der kann man sich festklammern. Wörtlich schreibt er: *„Wir haben unsre Zuflucht dazu genommen, festzuhalten an der angebotenen Hoffnung"* (Hebräer 6,18).

Pantha Rei. Alles fließt. Alles verändert sich. Nichts bleibt. Nichts außer dem, was Gott in Jesus Christus getan hat. Darauf ist Verlass.

3. Das wird ja immer schöner!

Erstaunlich inkonsequent

Inkosequenz gilt normalerweise nicht als Tugend. „Du hast dein Zimmer nicht aufgeräumt, deshalb kriegst du mehr Taschengeld." „Du hast schon die gelbe Karte gesehen, deshalb lasse ich die rote stecken." „Du hast Betriebseigentum geklaut, deshalb wirst du befördert." Das ergibt keinen Sinn. Wenn Eltern, Schiedsrichter, Vorgesetzte nicht konsequent sind, nehmen Nachlässigkeiten und Regelverstöße überhand. Eine böse Tat muss Konsequenzen haben, sonst bessern sich die Delinquenten nicht.

Nun ist ausgerechnet Gott nicht sehr konsequent, was seinen Umgang mit Sündern angeht. Er kann durchaus zornig werden und auch mal die Peitsche schwingen, aber er tut es bei weitem nicht in dem Maß, in dem er es tun müsste, wenn er konsequent wäre. Gott ist bei allem unerbittlichen Gerechtigkeitssinn immer noch barmherzig, geduldig und gütig. Und das ist unser Glück. Denn sonst hätte es schon längst geheißen: Aus die Maus. Versuchen wir es auf einem anderen Planeten, in einem anderen Sonnensystem, mit einer anderen Gattung von Lebewesen.

Wir sollten uns freilich nicht zu viel auf unser Glück einbilden. Einmal war es schon fast so weit. Die Menschheit hatte Gott bis aufs Blut gereizt. Hatte jede erdenkliche Regel übertreten. Das war noch ziemlich am Anfang der Menschheitsgeschichte. Damals hat Gott offenbar für einen Moment ernsthaft überlegt: Habe ich vielleicht einen Fehler gemacht? Und hat beschlossen, die verdorbene Brut unter Wasser zu setzen. Bekanntlich haben nur Noah und seine Familie die Sintflut überlebt - nicht aus Versehen, sondern weil Gott es so wollte. Den Überlebenden der Strafaktion gab Gott als Denkzettel mit: *„Ich will hinfort nicht mehr die Erde verfluchen um der Menschen willen, denn das Dichten und Trachten des menschlichen Herzens ist böse von Jugend auf"* (1. Mose 8,21). Bemerkenswert inkonsequent. Unsereins hätte es vermutlich anders gemacht. Unsereins hätte richtig aufgeräumt. Aber dann wäre unsereins nicht mehr hier.

Gelobt sei Gottes Inkonsequenz, was die Strafverfolgung von Sündern angeht. Gelobt sei Gottes Geduld, seine Nachsicht und seine Güte - das alles vertritt er mit bewundernswerter Konsequenz.

Besser nicht hinschauen

„Ich sehe was, was du nicht siehst" – ein beliebtes Kinderspiel. Das habe ich mit meinen Kindern auch ganz gern gespielt. Erstaunlich, was man so alles übersieht, woran man knapp vorbei blickt, obwohl man es direkt vor der Nase hat. Bei manchen Dingen ist es vielleicht aber auch ganz gut, dass man sie nicht sieht. Weil es eine Beleidigung für die Augen wäre – oder im Gegenteil: zu viel des Guten. Unerträglich schön zum Beispiel. Zu gewaltig. Tödlich.

Der Anblick Gottes, das wäre so ein Fall. Lebensgefährlich. Selbst Mose, dem man einen sehr vertrauensvollen Umgang mit Gott nachsagt, selbst von ihm heißt es: *„Mose verhüllte sein Angesicht, denn er fürchtete sich, Gott anzuschauen."* Diese Furcht war nicht unbegründet. An anderen Stellen in der Bibel heißt es: Kein Mensch hat Gott je gesehen (1. Johannes 4,12). Wir sind nicht dafür ausgestattet. Wir haben nicht die passenden Sensoren dafür, und die, die wir haben, würden beim Anblick Gottes durchbrennen.

Aber so eine Auskunft ist natürlich unbefriedigend. Was mich betrifft: Ich würde Gott schon ganz gerne einmal von Angesicht zu Angesicht sehen. Wenn es nicht so gefährlich wäre. Und ich stelle fest: Diese Neugier teile ich mit vielen anderen Menschen. „Gottes Angesicht schauen" – das ist in der Bibel geradezu ein Synonym für den Himmel. Dahin wollten schon die Gläubigen in der Antike, und ich will da eigentlich auch hin. Nur nicht sofort. Denn irgendwie klebe ich schon auch am Leben.

In der Zwischenzeit muss man freilich nicht auf die Möglichkeit verzichten, Gott zu begegnen. Denn mittlerweile ist Jesus über die Erde gegangen. In ihm ist Gott sichtbar geworden. Zu seinen Jüngern hat Jesus gesagt: „Wer mich sieht, der sieht den Vater" (Johannes 14,7). Nun ist Jesus zwar nicht mehr leibhaftig da, aber er ist trotzdem ansprechbar und gegenwärtig. An ihm kann man erkennen, wie Gott ist. Und anders als von Gott selbst muss man von Jesus nicht die Augen abwenden. Im Gegenteil. Jesus hat in der Begegnung mit Menschen oft den direkten Blickkontakt gesucht. Ein kleiner Vorgeschmack auf die Begegnung mit Gott, dem Vater Jesu Christi. Dann ohne Kopftuch, ohne Schleier, ohne Sichtschutz.

Stammt der Mensch vom Affen ab?

Wenn man bedenkt, wie gedankenlos und hirnlos die Menschheit mit diesem blauen Planeten umgeht, dann drängt sich manchmal schon die Frage auf: Stammt der Mensch vom Affen ab? Nun, die Menschenaffen als höhere Säugetiere können zwar durchaus bis drei zählen und zielgerichtet mit Grabstöckchen und Knüppeln hantieren. Aber damit hört es dann auch schon auf. Sie reflektieren ihr Tun und Lassen nicht. Sie können die Folgen ihres Handelns nicht abschätzen. Und wenn Affen die Aussicht auf einen kurzfristigen Lustgewinn hätten, dann würden sie vermutlich schon mal testweise auf den berüchtigten roten Knopf drücken und das Ende der Zivilisation herbeiführen.

Nein, der Mensch stammt nicht vom Affen ab. Wir haben zwar durchaus etwas mit den Affen gemeinsam. Wie sie sind auch wir Geschöpfe Gottes. Kurz nach den Säugetieren geschaffen. Und deshalb sollte es uns eigentlich nicht wundern, dass wir mit den Affen und anderen Säugern einen Großteil unserer biologischen Funktionen teilen.

Aber das war es dann auch schon mit den Gemeinsamkeiten. Affen machen keine Musik und malen keine Kunstwerke, pflegen keinen Trauerkult und konstruieren keine Digitalkameras, pflanzen keine Gärten und fliegen nicht zum Mond. Menschen schon. Und das hat mit dem Schöpfungsauftrag zu tun, mit der Berufung, die Gott ihnen bei ihrer Erschaffung mitgegeben hat.

Eine sehr konkrete Ahnung davon hatte der israelische König David vor 3.000 Jahren. In Psalm 8,7 sagt er: *„Du hast den Menschen zum Herrn gemacht über deiner Hände Werk, alles hast du unter seine Füße getan."* Demnach sind wir wenn schon nicht die Krone, so zumindest die Verwalter der Schöpfung. Und nicht ihre Totengräber. Entsprechend sollten wir uns dann auch verhalten. Damit nicht das populäre Missverständnis genährt wird, der Mensch stamme vom Affen ab.

Fürs Leben lernen

„Nicht für die Schule, für das Leben lernen wir" – der Spruch klingt in meinen Ohren abgekaut und schal. Wie kommt's? Nun, meine Frau und ich, wir haben drei mittlerweile erwachsene Kinder und können auf 17 Jahren leidvolle Erfahrungen zurückblicken. Erfahrungen mit dem hessischen Schulsystem, mit halbherzigen Reformen der Lehrpläne, der Stundentafeln, der Schulselbstverwaltung. Wir haben es dabei noch vergleichsweise gut getroffen. Unsere Kinder haben sich wacker behauptet. Aber meiner unmaßgeblichen Meinung nach eben nicht wegen, sondern trotz des Systems, trotz Pisa und Zentralabitur und dem Wirbel um G8. Lernen ja – aber doch nicht so! Lebenslanges Lernen, wie es uns die Pädagogen und Psychologen empfehlen – auch das, aber bitte anders als in den unterfinanzierten, überforderten staatlichen Form- und Presswerken, die sich Schule nennen.

Wie soll man sich mit solchen Vorerfahrungen offen einlassen auf Gottes Bildungsangebot? *„Ich will dich unterweisen und dir den Weg zeigen, den du gehen sollst,"* hat Gott in Psalm 32,8 verheißen. Eine Botschaft wie aus dem Nichts, ein Stück persönliche Anrede von oben, eingebettet in einen Bußpsalm, in dem ansonsten eigentlich immer der Dichter spricht, und zwar in die andere Richtung, an Gott gewandt.

Ich will dich unterweisen. Ich will dich lehren. Ich will dir etwas beibringen. Sagt Gott. Einfach so. Und ich unterstelle ihm einfach mal, dass er das auch drauf hat. Inhaltlich, methodisch, pädagogisch. Gott kann das. Ihm nehme ich es auch ab, dass ich bei ihm nicht zum höheren Ruhm der Lehrergewerkschaft oder des Kultusministeriums lerne. Sondern fürs Leben. Lernen in jedem Alter. In jeder Lebensphase. In der Schule Gottes. Er hat es versprochen: „Ich will dich unterweisen und dir den Weg zeigen, den du gehen sollst."

Der Traum vom Fliegen

„Wenn ich ein Vöglein wär und auch zwei Flügel hätt, flög ich zu dir" – beim mittlerweile oft ganzjährigen munteren Gezwitscher der Singvögel in den Gärten, auch in dem, der unser Häuschen umgibt, da kommt mir gelegentlich dieses Volkslied in den Sinn.

Aber Flügel sind beileibe nicht nur zum Fliegen gut. Die federbestückten Schwingen eines Vogels taugen auch noch zu ganz anderen Dingen. Der winzige Zaunkönig und der majestätische Adler, die nützliche Henne und Meister Adebar – sie alle nutzen ihr Gefieder in jeder erdenklichen Weise. Es ist ihre Klimaanlage; sie polstern ihre Nester mit Flaumfedern aus, sie schützen und wärmen das Gelege damit, und wenn die Jungen erst einmal geschlüpft sind, dann finden sie unter Papas oder Mamas Fittichen Zuflucht.

Genau dieses Bild hat vor 3.000 Jahren einen Dichter beeindruckt und inspiriert. In Psalm 91, da kommen neben dem Schirm des Höchsten und der schützenden Burg auch die gefiederten Freunde vor. Was sagt der Psalmist von Gott? *„Er wird dich mit seinen Fittichen decken, und Zuflucht wirst du haben unter seinen Flügeln"* (Psalm 91,4).

Damit ist natürlich nicht gesagt, dass wir uns Gott in Zukunft gefiedert, mit Krallen und Schnabel bewehrt vorstellen sollen. Das Bild soll unsere Vorstellung in eine ganz andere Richtung lenken: Ein kuscheliges Federbett. Eine warme Daunenjacke gegen Wind und Kälte. Wasserabweisende Nanotechnologie. Das alles gibt's bei Gott. Sprich: Schutz vor allen erdenklichen Unbilden. Diesen Schutz gewährt er den Menschen, die ihn lieben – und den Schutzbedürftigen, die ihn in ihrer Verzweiflung um Hilfe bitten. Das verspricht jedenfalls der Psalm. Ausprobieren!

Süße Rache

Rache ist süß, und die süßeste Rache ist die Vergebung. Hat vor einem Vierteljahrhundert der amerikanische Poet Peter Himmelman (Schwiegersohn von Bob Dylan) behauptet. Peter Himmelman hatte vermutlich ein konkretes menschliches Wesen im Sinn, als er die Zeile getextet hat: *„Forgiving you ist the sweetest revenge. "*

Vergebung ist die süßeste Rache. Wenn das stimmt, dann ist Gott extrem rachsüchtig. Dann sinnt er auf nichts anderes. Denn Gott vergibt pausenlos. Im Liederbuch Israels, im Psalm 130, dem sechsten Bußpsalm, heißt es von Gott sogar: ***„Er wird Israel erlösen aus <u>allen</u> seinen Sünden"*** (Psalm 130,8). Vergebung für <u>alle</u> Sünden, nicht nur für ausgewählte. Wobei Israel hier eine Chiffre ist für das auserwählte Gottesvolk. Für die leiblichen und für die Adoptivkinder dieses Volkes. Für die natürlich gewachsenen und für die eingepfropften Zweige.

Dass es jemals Adoptivkinder und eingepfropfte Zweige geben würde, das konnte der Psalmist seinerzeit natürlich noch nicht ahnen. Er hatte nur die felsenfeste Gewissheit: Gott wird sich um das Problem der Sünde an sich und um das Problem der vielen individuellen Sünden kümmern. Und mittels Vergebung wird er es lösen.

Wir sind heute nicht viel schlauer als der Psalmist, nur um so viel schlauer: Wir wissen, <u>wie</u> Gott die Vergebung aller Sünden erwirkt hat. Ein atemberaubender, ein sonderbarer, ein befremdlicher Weg. Gottes Vergebung, Gottes süße Rache ist am Kreuz erfolgt. An einem römischen Galgen vor den Toren Jerusalems.

Nun wäre nur noch die Frage: An wem hat sich Gott denn damals gerächt? An uns ja offensichtlich nicht, dafür geht es uns zu gut. Die Antwort lautet: Nicht uns hat Gott damit eins ausgewischt, sondern seinem Gegenspieler, dem Teufel. Der hat sich seinerzeit vermutlich ins Fäustchen gelacht. Aber wer zuletzt lacht, lacht bekanntlich am besten. Gott hält seit Karfreitag die Vergebung aller Sünden für uns bereit, und der Teufel ärgert sich schwarz darüber. Süße Rache.

Was sonst keinen angeht

Die ärztliche Schweigepflicht ist eine wertvolle Errungenschaft der modernen menschlichen Kultur, finde ich. Nicht jeder muss Bescheid wissen über meine Zipperlein. Wirklich nicht. Ich lege auch keinen Wert darauf, eines Tages in der Bildzeitung als lebensbedrohlich erkrankt geoutet zu werden, so wie es manchen Prominenten ergeht.

Zu meiner Überraschung habe ich beim Blättern in den Evangelien festgestellt: Schon da geht es sehr dezent zu, was die Nennung von Krankheitsumständen und persönlichen Details angeht. Jesus, der Wanderprediger aus Nazareth, hat ja eine Menge Leute geheilt. Aber in aller Regel erfahren wir nicht die Namen der Geheilten. Patientenschutz nennt man das heute. Diskretion.

Eine Ausnahme von der Regel scheint der blinde Bartimäus im Jordanstädtchen Jericho zu sein. Obwohl: „Bartimäus" ist möglicherweise nur der Familienname, denn es bedeutet schlicht „Sohn des Timäus". Das reichte in dem Fall aus. Der Mann hatte ohnehin keine Privatsphäre, war in Jericho bekannt wie ein bunter Hund, und sein Problem war offensichtlich: Er war blind.

Nun kam Jesus und fragte Bartimäus: *„Was soll ich für dich tun?"* Der Blinde sprach zu ihm: *„Herr, ich möchte wieder sehen können"* (Markus 10,51). Jesus hat sich nicht lange bitten lassen. Hat dem Mann geholfen. Das war nicht zu verheimlichen. Deshalb kennen wir von diesem einen Patienten bis heute zumindest den Familiennamen. Und wissen dadurch noch besser Bescheid über den Mann, der ihn geheilt hat: Jesus.

Auf die Knie

Der Wetzlarer Dom ist vielleicht nicht der Star unter den gotischen Hallenkirchen in Deutschland, aber er hat zweifellos seinen Reiz und bietet einige aufschlussreiche Einzelheiten, die man anderswo nicht findet. Zum Beispiel gibt's am gewöhnlich verschlossenen Turmportal eine Stelle, dort haben früher die Ritter vor dem Gottesdienstbesuch ihre Waffen abgelegt. Vor allem die Schwerter mussten sie loswerden. Nicht aus Gottesfurcht, sondern weil der Kirchenraum ein befriedeter Bereich war. Außerdem stelle ich mir vor: Es scheppert einfach zu sehr, wenn man mit einem Langschwert an der Seite auf die Knie geht. Das stört die Andacht doch gewaltig.

Nun ist die spannende Frage: Warum überhaupt sollte sich ein ansonsten stolzer und selbstbewusster Ritter, ein Angehöriger des Adels, der herrschenden Kaste, so weit herunterlassen? Warum die Knie beugen? Und vor wem überhaupt?

Das Niederknien ist ja eine Demutsgeste. Wer kniet, macht sich angreifbar, kann weder einen Ausfall nach vorne machen, noch kann er oder sie weglaufen. Wer kniet, ist normalerweise nicht mehr auf Augenhöhe mit seinem Gegenüber.

Die Adligen des Mittelalters knieten in der Regel nur vor einer Sorte Menschen – vor ihren Königen, gelegentlich auch Königinnen. Und zusammen mit diesen vor dem König der Könige – vor Gott höchst-persönlich, der in Jesus Christus Mensch geworden ist. *„Im Namen Jesu sollen sich die Knie all derer beugen, die im Himmel und auf Erden und unter der Erde sind,"* heißt es in einer fast 2.000 Jahre alten Weissagung (Philipper 2,10). Auf gut deutsch: Jesus, der Sohn Gottes, verdient allen Respekt – und von allen. Das sollte eigentlich neugierig machen auf eben diesen Jesus.

Das hat gerade noch gefehlt!

Unerwarteter Besuch. Eine Horrorvorstellung für perfektionistische Hausfrauen und –Männer. Nicht alle sind so selbstbewusst, dass sie in Kittelschürze und Hausputzmontur fröhlich die Tür öffnen und den Überraschungsgast ehrlich willkommen heißen. Viel wahrscheinlicher rasen Gedanken wie diese durch den Kopf: *Wie kriege ich den Flur klar? Der Küchentisch ist noch nicht abgeräumt! Wie sehe ich überhaupt aus? Ich habe nichts im Kühlschrank!* Es wäre nicht halb so tragisch, wenn ich wüsste: Für morgen hat sich ein Gast angekündigt, er wird irgendwann im Lauf des Tages auftauchen. Darauf kann ich mich vorbereiten.

Insofern finde ich es nur fair von Jesus Christus, dass er sein Kommen ankündigt. Seine Rückkehr. Von diesem angekündigten göttlichen Besuch am Ende der Zeiten handelt ein ganzes Kapitel im Neuen Testament, im 2. Petrusbrief. Dort steht dann auch der Rat: *„Seid bemüht, dass ihr vor dem Herrn unbefleckt und untadelig im Frieden befunden werdet"* (2.Petrus 3,14). Im Lutherdeutschen klingt das zugegeben etwas geschraubt. Übersetzt ins Alltagsdeutsch bedeutet es: Macht euch fein für ihn. Ihr wollt bestimmt nicht in Lumpen dastehen, wenn Jesus kommt. Bemüht euch darum, dass euer Innenleben aufgeräumt ist und eure Beziehungen zu Gott und den Mitmenschen geordnet sind.

Was nicht ausdrücklich da steht, was man sich aber in Klammern dazu denken kann: Jesus Christus ist der Inbegriff von Barmherzigkeit und Güte. Er vergibt keine Abzüge für etwaige Reperaturspuren in meinem Leben und wird garantiert nicht mit der Lupe nach irgendwelchen übersehenen Stäubchen suchen. Ich bin nicht Meister Proper, ich bin ein fehlbarer Mensch, der von der Liebe und der Vergebung seines Herrn lebt. Das Prädikat „Unbefleckt, untadelig und im Frieden" gibt es nicht für verbissene menschliche Anstrengungen und Höchstleistungen. Sondern das erteilt Jesus schon für das ehrliche Bemühen, kombiniert mit Vertrauen zu ihm. Deshalb muss ich vor der Wiederkunft Jesu auch nicht zittern wie ein schlampiger Buchhalter vor der Innenrevision. Sondern kann mich auf sein Kommen freuen. Für ihn bemühe ich mich gern.

4. Das hat mir noch keiner gesagt!

Sprechtherapie

Ruth Lapide, die Frau des jüdischen Religionswissenschaftlers und Kenners des Neuen Testamentes Pinchas Lapide, erzählte mal den Witz von Mose, wie er am Berg Horeb mit Gott verhandelt: „‚Lass mein Volk ziehen.' Ich will es dem Pharao sagen. Ist es denn endlich soweit?" Da sagt Gott zu Mose: „Ja, wohin willst du denn mit deinem Volk ziehen?" Mose will eigentlich „Kanada" sagen. Aber er ist bekanntlich Stotterer, und so bekommt er nur heraus: „Nach Ka..ka..k… ." Gott unterbricht ihn mit den Worten: „Also gut, geh mit ihnen nach Kanaan, ist mir recht."[2]

Ein Witz, wie gesagt. Ein jüdischer Insiderwitz. Eine Anspielung auf die Tatsache, dass in der Gegenwart mehr Juden Nordamerika als das „Land der Verheißung" betrachten als den modernen Staat Israel. Der sachlich korrekte Kern an diesem Witz ist: Mose war Stotterer. Hatte eine Sprechstörung. Ausgerechnet den sprechgehemmten Mose hat Gott an die Spitze des Volkes Israel gestellt und als Verhandlungsführer zum ägyptischen Königshof geschickt. Der Pharao und seine Minister würden sich ihr Teil denken. Und auch Mose selbst war sich seiner Sache nicht sicher. Ganz und gar nicht. Aber im 2. Buch Mose Kapitel 4 erfahren wir, dass Gott keine Einwände duldete. *„Wer hat dem Menschen den Mund geschaffen?"*, fragt Gott. *„Habe ich's nicht getan, der Herr? So geh nun hin: Ich will mit deinem Munde sein und dich lehren, was du sagen sollst"* (2. Mose 4,11+12). Basta. - Mose hat sich seinerzeit noch ein wenig gewunden, aber schließlich tat er wie geheißen. Und Gott hat ihm zwar seinen Bruder Aaron als Assistenten zugebilligt. Aber wie es scheint, hat Mose in der Folgezeit dann doch immer selbst gesprochen. Keine Aussetzer, kein Stottern mehr.

Sprung in die Gegenwart: Heutzutage flüstert Gott vermutlich nur den wenigsten Menschen irgendwelche Botschaften für irgendwen zu. Aber was wir haben, das ist das Mandat, uns für andere Menschen einzusetzen. Der Auftrag, von Gottes Wohlwollen für diese Welt zu sprechen. Von dem, was wir mit ihm erleben. Gut zu wissen, dass Gott uns dabei auf die Sprünge hilft. Dass er uns lehren und unsere Mundwerkzeuge in Bewegung bringen kann. Wie damals bei Mose.

---

[2] Bayrischer Rundfunk, Alpha-Forum extra, 23.10.2004

Mahlzeit!

Vor oder nach dem Essen, laut oder leise – man kann sich an alles gewöhnen. Auch ans Tischgebet. Und denkt dann kaum noch nach über Sinn und Zweck dieser Sitte. Und schon gar nicht über ihren Ursprung. Der geht der biblischen Überlieferung zufolge auf die Zeit zurück, als das Volk Israel nach vierzig Jahren Wüstenwanderung unmittelbar an der Grenze zum Verheißenen Land stand.

Auf der Wüstenwanderung hatten die Israeliten gelernt, was es heißt: Von Gott und seinen guten Gaben abhängig zu sein. Aber nun lag ein Land vor ihnen, in dem der Sage nach Milch und Honig flossen. Fruchtbare Böden, ein mildes, vorteilhaftes Klima, genug Regen für zwei Ernten im Jahr, gute Weiden für Schafe und Ziegen. Sie würden Nahrung in Hülle und Fülle haben. Aber selbstverständlich nehmen sollten sie das nicht. Und deshalb schärfte Mose dem Volk ein: *„Wenn du gegessen hast und satt bist, sollst du den Herrn, deinen Gott, loben"* (5. Mose 8,10). Damit ist zumindest historisch die Frage nach dem rechten Zeitpunkt geklärt: Mit knurrendem Magen fällt das Lob Gottes verständlicherweise etwas knapper aus. Die Israeliten jedenfalls speisten erst und bedankten sich hinterher. Und zwar nicht in erster Linie bei der Küche – die wurde bestimmt auch bedacht –, sondern vor allem bei Gott.

1.300 Jahre später, bei Jesus: Da lernen wir das Danken *vor* dem Essen. *Bevor* er das Brot bricht, richtet Jesus seinen Blick zum Himmel und dankt Gott, seinem Vater, für die guten Gaben. Logisch: Jesus zufolge sollen wir Gott um das tägliche Brot bitten – und wenn es dann vor uns auf dem Tisch steht, ist es nur anständig, dass wir direkt Danke dafür sagen. Und es nicht erst verkosten, so als müssten wir den Dank davon abhängig machen, ob es auch wirklich geschmeckt hat.

Also: Für die eine wie für die andere Variante gibt es gute Argumente, fürs Tischgebet vor – und nach dem Essen. Wobei es in beiden Fällen nicht auf die gemurmelten Worte ankommt. Die sind ja selten besonders einfallsreich. Es geht um die rechte Einstellung. Um das Bewusstsein: Das Menü, auch das Stück trockenes Brot – das kommt letztlich von Gott. In diesem Sinn: Gesegnete Mahlzeit!

Auf der Achterbahn

Wo der Notstand ausbricht, wo die eine oder andere Notlage eintritt, ob selbst verschuldet oder nicht – da ist guter Rat teuer, und da ist Hilfe in aller Regel willkommen. Wenn's brennt, wird sich kaum jemand aussuchen, welche Feuerwehrleute er ins Haus lässt – und welche nicht. Nach dem Motto: „Du kommst hier nicht rein!"

Unser menschliches Vorstellungsvermögen reicht kaum aus, um uns alle denkbaren Fährnisse und Risiken und möglichen Notlagen auszumalen. Und das wäre vermutlich auch nicht gesund fürs Nervenkostüm. Andererseits: Grenzenloser Optimismus wäre auch übertrieben. Denn das Leben ist bekanntlich kein Ponyhof. Auf der Suche nach einem passenderen Vergleich wird man eher in Freizeitparks fündig: Die Achterbahn wäre schon eher ein treffendes Sinnbild für die Höhen und Tiefen, die Aufs und Abs im Leben.

Gott bietet sich uns an als Begleiter in guten und schwierigen Zeiten, als Beistand, wenn's kritisch wird, als Nothelfer, wenn's brennt. Woher wissen wir das? Zum Beispiel aus dem 91. Psalm. Da geht's um einen Menschen in der Krise, in massiven Problemen, und da wird Gott zitiert mit den Worten: *„Ich bin bei ihm in der Not, ich will ihn herausreißen und zu Ehren bringen"* (Psalm 91,15). Warum sollte Gott so etwas tun? Einen Versackten, Versumpften, Ertrinkenden herausziehen aus dem Schlamassel?

Einen Satz vorher heißt es von dem Hilfsbedürftigen: „Er liebt mich, darum will ich ihn erretten; er kennt meinen Namen, darum will ich ihn schützen." Gottes Beistand in der Not ist also an eine klitzekleine Bedingung geknüpft: Gott erwartet Interesse. Besser noch: Vertrauen. Am besten: Liebe. Zu viel verlangt von einem, der uns aus der Not herausreißen und zu Ehren bringen kann?

Hebräisch für Anfänger

Biblisches Hebräisch für Anfänger, Lektion 1: Das zweisilbige Wort „näfäsch". Ein ganz wesentlicher Begriff im Alten Testament und nicht nur da. Denn „näfäsch" heißt Seele und taucht in einigen der markantesten Bibelverse überhaupt auf. „Lobe den Herrn, meine Seele". Oder ziemlich am Anfang der Bibel im zweiten Schöpfungsbericht: „Gott hauchte dem Menschen den Lebensatem ein. So wurde der Mensch zu einer lebendigen Seele." Wobei man in beiden Fällen statt <u>Seele</u> auch <u>Kehle</u> schreiben könnte. Das hebräische Wort „näfäsch" gibt beides her.

Kehle gleich Seele und umgekehrt: Damit ist auch klar, wo in der Bibel das menschliche Bewusstsein und das menschliche Wesen verortet wird. Nämlich genau da, in der Seele. Die Seele ist das, was den Menschen ausmacht. Wenn sich ein Mensch äußert, wenn er mit seiner Kehle Laute und Worte hervorbringt, dann ist das Ausdruck seines Innenlebens, seiner Seele. Die Seele = die Kehle macht uns kommunikativ, macht uns gemeinschaftsfähig und zugleich gemeinschaftsbedürftig.

In Psalm 97,10 heißt es: *__Der Herr bewahrt die Seelen seiner Heiligen.__* Es liegt unserem Schöpfer also offensichtlich etwas daran, dass unsere Seelen in guter Verfassung sind. Und dass unsere Kehlen funktionieren. Gott erhebt Anspruch auf uns, deshalb ist hier von „seinen Heiligen" die Rede. Heiligkeit ist keine natürliche Eigenschaft, sondern dieses Prädikat wird von Gott verliehen. Und dass die Heiligkeit und die menschliche Seele hier in einem Atemzug genannt werden, ist kein Zufall. Ein heiliger Gott hat uns höchstpersönlich den Lebensatem eingehaucht, und jetzt sorgt er sich um uns, um unsere Seelen – und um unsere Kehlen.

Soviel dazu. Näfäsch: Seele oder auch Kehle. Demnächst hier an dieser Stelle: Biblisches Hebräisch, Lektion 2.

Emotion mit Z

Der Zorn ist vielleicht eine der ehrlichsten Regungen, zu denen Menschen fähig sind. Im Zorn fällen Menschen absolute, vernichtende Urteile. Im Zorn sprechen sie bittere, trennende Wahrheiten aus. Der Zorn ist ambivalent: Mal ist er wie ein krachendes Gewitter mit Starkregen, anschließend ist die Luft buchstäblich wieder rein und man kann aufatmen. Zorn kann aber auch maßlos sein. Im Zorn gemachte Aussagen, im Zorn getroffene Entscheidungen können verheerende Folgen haben.

Von daher ist die Vorstellung nicht besonders angenehm, dass Gott zornig sein kann, dass er zu dieser Regung fähig sein könnte. Was könnte der allmächtige Gott im Zorn alles anrichten! Israel, das Bundesvolk Gottes, konnte ein Lied davon singen und ganze Bücher darüber schreiben. So heißt es zum Beispiel im Buch Jesaja kurz vor Schluss: *„Herr, zürne nicht so sehr und gedenke nicht ewig der Sünde! Sieh doch an, dass wir alle dein Volk sind!"* (Jesaja 64,8). Da hatte sich gerade der Zorn Gottes über einen Zeitraum von mehreren Jahrzehnten über dem Volk Israel entladen: belagert, besetzt, geplündert, die Städte niedergebrannt, die Bevölkerung verschleppt.

Zumindest dem Propheten ist klar, womit sein Volk Gottes Zorn heraufbeschworen hat: durch ständige Missachtung der Spielregeln und der Vertragsbedingungen. Dafür steht der Fachbegriff Sünde. Aber der Prophet kennt Gott so gut, dass er sich traut, ihn um Erbarmen zu bitten. Gott kann etwas, was Menschen selten schaffen: Gott kann seinen Zorn mäßigen. Kontrollieren. Und zu unserem Glück ist er nicht leicht auf die Palme zu bringen. Seine Geduld und sein Mitleid mit seinen Geschöpfen sind mindestens so groß wie sein unbedingter Gerechtigkeitssinn. Nur deshalb lohnt sich überhaupt diese Bitte: „Herr, zürne nicht so sehr."

Jugend nach vorne

Deutschland altert. Eine alternde Gesellschaft kommt früher oder später selbst darauf, dass sie das Potential älterer Menschen besser nutzen muss. Dieselbe Gesellschaft wird aber natürlich auch in Zukunft dringend angewiesen sein auf tatendurstige, ideenreiche junge Leute. Deren Unerfahrenheit ist zugleich ihr Kapital. Sie haben den Kopf noch frei. Sie sind noch nicht vom Leben gezeichnet. Sie schleppen noch nicht so viel Ballast mit sich herum.

Junge Leute stark machen, junge Leute ranlassen, jungen Leuten eine Chance geben, das ist und bleibt wichtig. Und das hat Tradition. Es ist knapp 2.650 Jahre her, da hat Gott höchstpersönlich auf einen jungen Mann gezeigt und gesagt: „Du bist dran." Jeremia hieß der Kandidat, und er war ein bisschen schüchtern. „Ich bin doch viel zu jung, ich kann nicht reden, und überhaupt…" Aber das hat Gott nicht beeindruckt. „Komm mir nicht damit," hat er Jeremia sinngemäß geantwortet, und dann wörtlich: *„Fürchte dich nicht; denn ich bin bei dir und will dich erretten"* (Jeremia 1,8). Anschließend hat er den Neuling genau instruiert für seine neue Rolle. Für einen äußerst verantwortungsvollen Job: Prophet.

In so einem Beruf macht man sich nicht unbedingt Freunde, umso leichter Feinde. Der Halbsatz „ich will dich erretten", der hätte Jeremia stutzig machen sollen. Aber er hat seinen Job gut gemacht. Und immer, wenn er hinschmeißen wollte, immer, wenn es ihm zu viel wurde, dann hat Gott ihn wieder aufgemuntert. Hat ihm den Rücken gestärkt. Hat ihn gerettet vor äußeren Intrigen, aber auch vor Selbstmitleid. „Fürchte dich nicht; denn ich bin bei dir und will dich erretten." Eine Botschaft speziell für junge Leute, die gern die Welt verändern wollen und nur noch nicht genau wissen, wie. Und für reifere Menschen ein Anlass, zurückzublicken und die Spuren der tatkräftigen Hilfe Gottes in ihrem Leben zu entdecken.

Mit steifem Hals aufgewacht

Autsch! Wie oft ist mir das schon passiert: Hals verrenkt, vielleicht verkühlt oder über Nacht unabsichtlich dem Luftzug ausgesetzt – und dann aufgewacht mit steifem Hals. Kopf drehen geht gar nicht oder nur unter Schmerzen. Was macht man da? Am besten still halten. Augen geradeaus. Starr eben. Auch so kommt man durchs Leben, allerdings entgeht einem so das eine oder andere. Also ist Halsstarrigkeit doch nicht erstrebenswert.

In den Königschroniken Israels, da findet sich ein bemerkenswerter Erlass. An der Schwelle zum 7. Jahrhundert vor Christus kommt in Jerusalem ein junger König namens Hiskia auf den Thron, und was ist seine erste Amtshandlung? Er bringt das gottesdienstliche Leben wieder in Schwung. Will auch die religiösen Feiertage wieder begehen. Zum Beispiel das Passahfest. Das war unter seinen Vorgängern und Vorfahren gänzlich eingeschlafen, aus der Mode gekommen, da gab es trendigere Kulte. An denen hielten die Israeliten hartnäckig fest.

Hiskia schickt also seine Herolde ins Land und lässt sie auf den Marktplätzen ausposaunen: Leute, kommt alle zum zentralen Passahfest nach Jerusalem. Habt euch nicht so. Die Gottlosigkeit hat euch nichts außer Leid und Ärger eingebracht. Und dann wörtlich: *„Seid nicht halsstarrig, sondern gebt eure Hand dem Herrn und kommt zu seinem Heiligtum"* (2. Chronik 30,8).

Es gibt offensichtlich eine Sorte von steifem Hals, an der kann man schon was ändern. Die ist kein unabänderliches Schicksal. Zu Gott umkehren, seine ausgestreckte Hand ergreifen – das ist Willenssache. Längst nicht alle Landsleute Hiskias wollen – aber die, die wollen, die werden belohnt. So ein rauschendes Passahfest hat Jerusalem seit Jahrhunderten nicht mehr gesehen. Und Gottes Segen und Vergebung gibt es obendrein.

Seitdem sind 2.700 Jahre vergangen. Die Menschheit ist nicht schlauer geworden. Halsstarrigkeit ist immer noch ein verbreitetes Übel. Das ist die schlechte Nachricht. Und jetzt die gute: Gottes Geduldsfaden ist in der ganzen Zeit nicht gerissen. Er streckt auch uns die Hand entgegen. Wie damals Hiskia und seinen Zeitgenossen.

Ohne Einsatz kein Gewinn

Abenteuer gesucht – Pauschalurlaub gefunden. Das wäre die passende Überschrift für viele Geschichten unserer Tage. Abenteuer kosten heutzutage vor allem Geld. Paragliding in den Anden, Whalewatching vor Südafrikas Küsten. Dinge in der Qualität, die muss man nicht nur wollen, die muss man sich vor allem leisten können. Ob sie wirklich so abenteuerlich sind, wie man sich das vorher erhofft hat, das sei einmal dahingestellt.

Bei den größeren Herausforderungen im Leben würde so schnell niemand auf die Idee kommen, „Abenteuer" drüber zu schreiben. Dabei hätten sie dieses Etikett durchaus verdient. Das Abenteuer Beziehung zum Beispiel. Oder das Abenteuer Glauben. In beiden Fällen wird einem viel abverlangt. In beiden Fällen muss man mehr einsetzen als nur ein paar Taler. Da geht es um die Tiefen der menschlichen Existenz, nicht nur um die Oberfläche. In beiden Fällen fragen sich Leute von heute gern: Lohnt sich der Einsatz?

Was den Glauben angeht, da hat Jesus von Nazareth ähnliche Fragen seiner Schüler und Nachfolgern vor knapp 2.000 Jahren mit einer Gegenfrage gekontert: *„Als ich euch ausgesandt habe ohne Geldbeutel, ohne Tasche und ohne Schuhe, habt ihr da je Mangel gehabt?"* Ehrlicherweise haben seine Schüler geantwortet: *„Niemals."* So steht's im Lukasevangelium Kapitel 22,35.

Der Glaube an Jesus ist ein Abenteuer. Es kostet vollen Einsatz, aber ohne Einsatz kein Gewinn.

Gemeinsinn zahlt sich aus

Die Wissenschaft hat festgestellt, dass Gemeinsinn – anders als rücksichtslose Selbstsucht – niemandem schadet und allen Mitgliedern einer Gemeinschaft nützt.

Dass die Wissenschaftsgemeinde sich überhaupt interessiert für Dinge wie Egoismus auf der einen Seite, Hilfsbereitschaft und Solidarität auf der anderen Seite, das hängt mit Charles Darwin zusammen. Darwins Idee von der Entwicklung der Arten war ja bestechend, aber sie hatte eine verstörende Eigenschaft: Sie belohnt scheinbar die rücksichtslosen Egoisten, sie lobt den ausgefahrenen Ellbogen. Mitleid ist Schwäche; wer die weniger Gesunden und die Versager mit durchschleppt, macht im darwinistischen Sinn etwas falsch. Aber was für eine herzlose und mörderische Welt wäre das, in der jede und jeder nur den eigenen Vorteil sucht und sich nicht darum schert, wie es den Freunden, den Nachbarn, der größeren Gemeinschaft geht?

Und so sind Forscherteams unterschiedlicher Fachbereiche seit Jahr-zehnten dem Geheimnis des Gemeinsinns auf der Spur. Hoffentlich finden sie noch einige gute Gründe mehr dafür, dass es sich auch aus evolutionärer Sicht lohnt, für andere mitzudenken, für andere zu sorgen, sich für andere einzusetzen.

Zum Glück musste die Menschheit in dieser Frage nicht auf die Wissenschaft warten. Das Hohelied der Nächstenliebe wird seit mehr als 3.000 Jahren gesungen (3. Mose 19,18). Vor ca. 2.000 Jahren hat Jesus Christus das noch einmal bekräftigt, und der Apostel Paulus hat es in seinem Brief an die christliche Gemeinde im mazedonischen Philippi durchbuchstabiert. *„Tut nichts aus Eigennutz [...] Einer achte den andern höher als sich selbst [...] Ein jeder sehe nicht auf das Seine, sondern auch auf das, was dem andern dient"* (Philipper 2,4). Mit oder ohne wissenschaftliche Begründung: Gemeinsinn zahlt sich aus.

5. Das verbindet!

Engel werden muss niemand,
Mensch sein reicht

"Wir sind alle kleine Sünderlein – 's war immer so." Alle Jahre wieder in der fünften Jahreszeit wird zu dieser ebenso tröstlichen wie trügerischen Botschaft geschunkelt. Tröstlich, weil ja ein Körnchen Wahrheit darin steckt: Wir Menschen sind in der Tat allesamt zu allem fähig. Auch zu allen denkbaren Verfehlungen. Aber deshalb sind diese Bosheiten und Sünden noch lange nicht normal. Außerdem sind wir Menschen zwar zu allen Schandtaten fähig – aber deshalb noch lange nicht zum Sündigen verdammt.

Wenn ich von mir ausgehe – natürlich habe auch ich schon Mordgedanken entwickelt. Aber zum Glück nicht in die Tat umgesetzt. Einigen tausend Versuchungen habe ich *nicht* nachgegeben. Die vergleichsweise wenigen, denen ich erlegen bin, waren schlimm genug. Ich habe zweifellos das Zeug zum Verbrecher. Aber ich lege es nicht darauf an, einer zu werden. Und ich will mich auch nicht mit dieser Neigung zum Bösen abfinden, von wegen „'s war immer so."

Im 1. Buch Mose ist von einem Mann die Rede, der hat garantiert auch mal daneben gelangt in seinem Leben, und doch bekommt er das Prädikat: Bestanden. Tadellos. *„Noah war ein frommer Mann und ohne Tadel zu seinen Zeiten, er wandelte mit Gott."* Es geht also doch. Noah war bestimmt kein Engel, und das musste er auch nicht sein. Wie hat er es geschafft, anständig durchs Leben zu kommen und den Versuchungen rechts und links des Wegs nicht zu erliegen? Offensichtlich war Gottvertrauen der Schlüssel. Ich möchte so sein wie Noah. Möchte dem Bösen keinen Stich geben. Sünder will ich nicht bleiben. Engel muss und will ich nicht werden. Mensch sein reicht mir. Auf mich selbst ist dabei vermutlich kein Verlass – aber auf Gott.

Das ist mir nicht fremd

Mancher mag es nicht mehr hören, das modische Stichwort Integration. Mancher explodiert, wenn von Migranten die Rede ist. Wanderlustige germanische Völkerschaften wie die Schwaben, zu denen ich mich zähle, migrieren pausenlos. Schwaben habe ich überall auf diesem Globus angetroffen. Aber der oder die jeweils aktuelle Migrationsbeauftragte der Bundesregierung hat noch nie nach mir oder meinesgleichen gefragt. Da wird bedingungslos vorausgesetzt: Integration gelungen.

Im dritten Buch Mose, quasi dem Buch der Durchführungsvorschriften zu den zehn Geboten, steht der unmissverständliche Satz: *„Du sollst den Fremdling lieben wie dich selbst"* (3. Mose 19,34). Eine klare Ansage. Die hat zunächst einmal nichts mit Migration und Integration zu tun. Sondern mit Gleichbehandlung. Ob der sogenannte Fremdling ein Migrant im modernen Sinn ist, Spätaussiedler, Armuts- oder Kriegsflüchtling, extra angeworbene hochqualifizierte Arbeitskraft, Tourist oder einfach nur ein EU-Bürger, der von der Freizügigkeit innerhalb der Europäischen Union Gebrauch macht – darauf kommt es nicht an. „Du sollst den Fremdling lieben wie dich selbst."

Außerdem braucht man den Kreis auch gar nicht so weit ziehen. Wie vertraut oder wie fremd sind mir denn die Nachbarn drei Häuser die Straße rauf? Kann ich wirklich behaupten, ich kenne sie, sie kennen mich, wir sind dicke Freunde? Vielleicht wohnt der Fremdling ja direkt nebenan, seit Jahren schon, vielleicht gab es nie Berührungspunkte, vielleicht ist er mir aber auch trotz deutschem Pass, trotz verblüffend ähnlicher Biografie fremd. Oder aber er geht mir auf den Keks, und das ent-fremdet uns noch mehr voneinander.

„Du sollst den Fremdling lieben wie dich selbst." Wenn keine fremden Fremden da sind, dann reichen schon alte Bekannte, die mir immer rätselhafter und fremder werden. Auch die soll ich lieben, auch die <u>kann</u> ich zumindest lieben <u>lernen</u>. Denn wenn das Gebot unerfüllbar wäre, dann stünde es nicht da.

Wen kann ich fragen?

Wie sollen wir leben? Woran uns orientieren? Was gilt noch, was hat Zukunft? Selten war eine Generation so ratlos wie unsere. Traditions-abbruch, Werteverfall – große, düstere Schlagworte unserer Zeit. Insofern erscheint uns ein Wort wie das folgende aus dem 5. Buch Mose Kapitel 32 Vers 7 heute fremd: *„Gedenke der vorigen Zeiten,"* heißt es da, und weiter: *„Frage deinen Vater, der wird dir's verkünden, deine Ältesten, die werden dir's sagen."* – Was denn sagen? Wo's lang geht. Auf welche Wegmarken Verlass ist – und welche trügerisch sind.

Wenn es doch heute noch so wäre. Einzelne können es noch nach-vollziehen. Auch ich hatte das Vorrecht, dass ich meine Eltern fragen konnte. Meine Großeltern und meine Großtante. Sie sind nicht in Verlegenheit geraten. Sie konnten mir den Weg weisen. Sie haben mir Gottvertrauen und Verantwortung vorgelebt. Aber viele meiner Freunde und Bekannten hatten diese Hilfe nicht. Haben bittere Lektionen lernen müssen, sind erst durch Versuch und Irrtum klug geworden. Viele von ihnen haben Gottes Barmherzigkeit kennengelernt. Manche tasten sich jetzt noch suchend durchs Leben.

Wo die Väter und Mütter und die Ältesten ausfallen, die man fragen könnte, da müssen die Gleichaltrigen ran. Müssen die Vater- und Mutterrolle übernehmen. Nicht nur für die eigenen Kinder, sondern auch für die eigene orientierungslose Generation. Klingt nach hoffnungsloser Überforderung. Ist es aber nicht. Denn gute Gedanken und Erfahrungen vermehren sich, indem man sie mit anderen teilt.

Ich jedenfalls habe mir vorgenommen: Ich will anderen zwar nicht auf den Wecker gehen, aber ich will ihnen auch nicht vorenthalten, wer oder was mir Halt und Orientierung gibt. Nämlich der Gott, der schon vor knapp 3.500 Jahren Geschichte gemacht hat mit den Zeitgenossen Moses, mit ihren Vätern und Müttern und Ältesten.

Zu nichts zu gebrauchen und zu allem fähig

Menschen sind schon merkwürdige Wesen. Sie und ich, wir gehören zu dieser Spezies und müssten uns eigentlich regelmäßig beim Blick in den Spiegel wundern: Wie kommt's, dass ausgerechnet Menschen diesen Globus beherrschen und gestalten? Geschöpfe wie wir? Wir sehen schlechter als Raubvögel, hören schlechter als Hunde, sind langsamer als Geparden und Brieftauben. Wie kommt's, dass ausgerechnet wir es so weit gebracht haben? So weit, dass uns manchmal angst und bange wird?

Wir Menschen können unglaublich sozial sein – aber wir sind auch potentiell gewalttätig. Allesamt. Schon ein fünfjähriges Kind ist unglaublich intelligent, aber das verhindert nicht, dass sich ein erschreckender Teil der menschlichen Intelligenz letztlich gegen den Menschen und die Menschheit richtet. Wir sind zum Guten berufen, aber zugleich zum Schlimmsten fähig. Und wir sind uns dessen bewusst. Nicht immer, aber immer wieder drängt sich uns die Einsicht auf, dass der Mensch ein zwiespältiges Wesen ist. Das war schon David bewusst, dem Dichter auf dem Königsthron Israels. In Psalm 8,5 richtet er an Gott die Frage: *„Was ist der Mensch, dass du seiner gedenkst, und des Menschen Kind, dass du dich seiner annimmst?"*

Es ist in der Tat erstaunlich, dass Gott sich mit uns abgibt. Trotz unserer verhängnisvollen Neigung zur Bosheit, trotz unserem fatalen Talent zur Selbstzerstörung. Trotz alledem hat Gott uns seine Schöpfung anvertraut. Er setzt auf uns. Er kümmert sich um uns. Er muss etwas an uns finden, was uns selbst oft nicht so leicht ins Auge fällt. Vielleicht weil er weiß, wo er zu suchen hat. Schließlich hat er uns geschaffen. Schließlich hat er etwas mit uns vor. Nach allem, was wir von Gott wissen, kann dieses Etwas nichts Schlechtes sein.

Gottes gute Absichten mit uns haben schon David vor 3.000 Jahren zum Staunen gebracht. Dabei wusste David vergleichsweise wenig über das, was den Menschen ausmacht. Um wie viel mehr haben wir heute Anlass, uns zu wundern. Wundern über einen Gott, dem wir nicht egal sind und der uns mit seiner Aufmerksamkeit adelt, obwohl er genau weiß, mit wem er es zu tun hat.

... außer Dallas

Ein nur in umgangssprachlichem Deutsch funktionierendes Sprichwort behauptet: Gott sieht alles – ausgenommen jene erfolgreiche Fernsehserie der späten 1970er und 80er Jahre über eine schwerreiche, bis aufs Blut zerstrittene texanische Familie. Auch wenn Gott also vermutlich nicht Dallas gesehen hat, das markante Gesicht von Larry Hagman kennt er bestimmt, und die deutsche Synchronstimme von Wolfgang Pampel auch.

Gott sieht alles, weiß alles, wie der Große Bruder in George Orwells pessimistischem Zukunftsroman „1984." Mit dem Unterschied, dass Orwells Großer Bruder ein fieser Diktator ist, der die Menschen einschüchtert und klein macht.

Gott sieht alles, weiß alles, sonst wäre er nicht Gott, denn was macht die Göttlichkeit eines Gottes aus? Er ist allmächtig. Damit auch allwissend. Außerdem ist ein richtiger Gott ewig. Unsterblich. Und zu unserem Glück ist er auch noch gütig. Will uns nichts Böses. Anders als der Große Bruder. Anders als Larry Hagman in seiner Paraderolle als J.R. Ewing.

Gott sieht alles, er blickt den Menschen, auch mir, auch Ihnen, bis ins Herz, er kennt unsere tiefsten Beweggründe. Das ist keine bahnbrechend neue Erkenntnis, das ist schon seit dreitausend Jahren bekannt. Es steht so in den Psalmen, im Liederbuch des alten Israel. *„Er kennt ja unsres Herzens Grund"*, heißt es da wörtlich (Psalm 44,22).

Gut, dass wenigstens Gott Bescheid weiß, wie's da drinnen aussieht. Gut, dass er es gut mit uns meint.

Das dauert ja ewig!

Neulich in der Schlange vor der Ladenkasse. „Das dauert ja ewig!" Ungeduld, Ärger, Füßescharren. Die Ewigkeit blieb dann doch noch im Rahmen – obwohl: Zwanzig Minuten für zehn Meter sind schon eine Zumutung.

Die richtige Ewigkeit, die dauert hoffentlich ein wenig länger als zwanzig Minuten. Und damit auch Gottes Güte. David, der Poet auf dem Königsthron Israels, hat vor 3.000 Jahren gedichtet: *„Herr, deine Güte währt ewig; und was du zu tun begonnen hast, davon wirst du nicht ablassen"* (Psalm 138,8). Gehen wir mal davon aus, dass David recht hat. Gott, wenn er wirklich Gott ist, ist allmächtig, gütig und ewig. Ein nur gütiger und ewiger, aber ohnmächtiger Gott würde uns nichts nützen. Ein nur ewiger und allmächtiger, aber herzloser Gott wäre ziemlich tragisch für uns. Und ein Gott, der zwar allmächtig und gütig ist, aber ein deutlich lesbares Verfallsdatum hat, auf den wäre eben auch nur begrenzt Verlass.

Nein, wir brauchen einen Gott, der alles drei zugleich ist: allmächtig, gütig und ewig. David macht uns Hoffnung, dass Gott genau so ist – und zudem auch noch schöpferisch und fleißig. Darauf weist die zweite Hälfte des Psalmverses hin: „Was du zu tun begonnen hast, davon wirst du nicht ablassen. " – Darin schwingt die Hoffnung mit, dass Gott nicht aufhört mit seiner schöpferischen Arbeit. Dass er weiter macht, dass er weiter mit uns und an uns arbeitet. Dass er etwas aus dem Werk seiner Hände macht. Möglichst etwas Gutes.

Die Chancen stehen nicht schlecht, dass Gott dieses Gebet erhört. Denn Gottes Güte ist ewig, und der Begriff Güte steht ja nicht nur für Freundlichkeit und Großzügigkeit, sondern auch für Qualität. Gott ist qualitätsbewusst und will für uns das Beste. Auch wenn es manchmal eine kleine Ewigkeit dauert, bis das Werk seiner Hände soweit ist.

In der Tinte

Wer so richtig in der Tinte sitzt, hat es schwerer als der sprichwörtliche Frosch im Butterfass – Strampeln hilft in den seltensten Fällen aus dem Schlamassel heraus. Vor 2.600 Jahren saß schon einmal jemand so richtig in der Tinte, der Überlieferung nach war es der Prophet Jeremia. Er hat zwar nicht vom Tintenfass gesprochen, sondern von einem Wasserloch. Zitat aus dem Klagelied Nr. 3 von insgesamt fünfen: *„In die Zisterne versenkten sie mein Leben und warfen Steine auf mich; das Wasser ging mir über den Kopf, und ich sagte: ‚Ich bin verloren!'"* (Klagelieder 3,53f).

Das alles wissen wir nur, weil tatsächlich noch eine Wende eingetreten ist. Denn wenig später heißt es: *„Nahe warst du, als ich damals zu dir rief; du sagtest: ‚Fürchte dich nicht'"* (Klagelieder 3,57). Und wer hat dem armen Tropf diese tröstenden Worte zugesprochen? Gott persönlich. Gott hat den verzweifelten Ruf aus den Tiefen der Zisterne gehört, das Betteln: „Verschließe dein Ohr nicht vor meinem Gebet!" Und hat dem Ärmsten aus seiner bedrohlichen Lage herausgeholfen.

Wer so etwas erlebt, kann nicht einfach zur Tagesordnung übergehen. Der Gerettete hat seine Erfahrungen in einem kunstvoll gereimten Gedicht verewigt. Eben in jenem Klagelied Nr. 3. Das heißt so, weil die Situation anfangs in der Tat kläglich und jämmerlich war. Aber im Lauf der 22 kurzen Strophen wandelt sich die Situation, und auch die Klage wandelt sich, wird zum ehrfürchtigen Staunen. Staunen über Gott, der Menschen aus dem Schlammloch zieht und ihnen wieder zu Recht und Würde verhilft. Damals wie heute.

Die Sache mit der lila Kuh

Versuchung. Ein merkwürdiges Wort. Es ist nur auf den ersten Blick verwandt mit dem durchaus ehrenhaften „Versuch", und das Verb „versuchen" ist nicht eindeutig. „Ich versuche etwas" – das ist was ganz anderes als „ich werde versucht" im Sinn von „ich werde verführt" oder als „ich bin versucht, dieses oder jenes zu tun." – Im Alltagsdeutsch ist die Versuchung mittlerweile weichgespült durch die werbetreibende Wirtschaft. Den zarten und weniger zarten Versuchungen unserer kommerzialisierten Gegenwart sollen wir gefälligst nachgeben. Und warum? Weil sonst der Umsatz leidet, weil es uns sonst angeblich an den Wohlstand geht. Aber auf dieser Ebene geht viel von der Brisanz des Begriffs verloren. Die wirklich ernsten Versuchungen im Leben, da geht es nicht in erster Linie ums Ersparte. Da geht es um Dinge, die können wir uns aus ganz anderen Gründen nicht leisten. Egoismus, Machtgier, Geltungsdrang zum Beispiel. Oder Treuebruch. Der ist nur scheinbar sexy, aber in Wirklichkeit zerstörerisch.

Die Bitten im Vaterunser, sieben an der Zahl im Matthäusevangelium, fünf im Lukasevangelium, sind alle bis auf eine positiv. Da soll etwas geschehen. Nur die Bitte mit der Versuchung ist negativ formuliert: *„Führe uns nicht in Versuchung."* Das soll uns nicht widerfahren. Das soll nicht passieren. - Dass die Versuchung im prominentesten Gebet der Christenheit erwähnt wird, kann eigentlich nur einen Grund haben: Wir Menschen sind offenbar ausgesprochen empfänglich für Versuchungen. Wir gehen ihnen allzu leicht auf den Leim. Selbst von Jesus wissen wir, dass er in Versuchung geführt worden ist. Noch als er am Kreuz hing, haben ihm seine Feinde eine verlockende Alternative vor Augen gemalt, nach dem Motto: Du bist doch Gottes Sohn! Du musst doch dieses unwürdige Schicksal nicht erleiden! Du kannst die Fesseln sprengen, hier und gleich. Beweis es uns!

Es ist zwar richtig, und Jesus ist der beste Beweis dafür, dass man Versuchungen prinzipiell auch widerstehen kann. Aber Jesus hat uns aus gutem Grund geraten: Wir sollen es nicht darauf anlegen, sondern können Gott darum bitten, dass er uns diesen riskanten Test erspart. Deshalb: „Führe uns nicht in Versuchung" (Lukas 11,4).

Was bleibt

„Everything must change," so heißt eine wunderschöne Ballade des begnadeten Jazzmusikers Bernard Ighner. *„Everything must change."* Alles ändert sich – nichts bleibt, wie es ist. Die Jungen werden alt, Geheimnisse werden gelüftet, nichts bleibt unverändert, auch wenn es manchmal seine Zeit braucht. Es gibt nicht viele Dinge im Leben, derer man sich sicher sein kann, außer, dass Regen fallen wird, dass die Sonne den Himmel erhellt und dass Kolibris durch die Luft schwirren. *„Everything must change."*

Alles ändert sich, wirklich alles; alles ist vergänglich. Eine geradezu biblische Einsicht. Selbst der Himmel, aus dem die Regentropfen fallen, selbst die Erde, die sie benetzen, selbst der Kolibri und die Luft, die ihn trägt – selbst die sind vergänglich. Und das sagt jetzt nicht der Jazzmusiker Bernard Ighner, sondern das sagt der gelernte Zimmermann und Wanderprediger und Gottessohn Jesus Christus. Mit einer kleinen, bedeutungsvollen Ergänzung: ***„Himmel und Erde werden vergehen; aber meine Worte werden nicht vergehen"*** (Matthäus 24,35).

Wenn das stimmt, wenn das wahr ist, dann verdienen die Worte des Mannes aus Nazareth mindestens so viel Beachtung wie der Regen, mindestens so viel Bewunderung wie das Sonnenlicht und der Kolibri und seine Flugkünste. Und dann sollten wir uns diese Worte einprägen. Denn es gibt sonst nicht viel, was uns überdauern wird; nicht viel von bleibendem Wert, was wir anderen hinterlassen könnten. *„Everything must change."* Alles verändert sich und ist vergänglich. Mit der einen Ausnahme: Jesus und seine Worte haben Bestand.

6. Das hält fit!

Die dümmste Ausrede

„Cosi fan tutte" – so machen's alle: Das ist die dümmste und wohlfeilste Ausrede für zweifelhaftes Verhalten, für kleinere und größere Bosheiten, für Gedankenlosigkeit und Regelverstöße. Was die Mehrheit macht, kann nur selten der Maßstab sein. Die Mehrheit nimm es nicht so genau mit der Wahrheit, aber soll ich meinen Kindern deshalb beibringen, dass Lügen ok ist? Die Mehrheit fasst den Eigentumsbegriff nicht so eng, zumindest sofern es um fremdes Eigentum geht. Muss ich mir das zum Vorbild nehmen? Viele Autofahrer überschätzen sich und ihre Fähigkeiten, aber soll ich deshalb auch mit 100 km/h durch die Baustelle brettern, wo nur 60 km/h erlaubt sind? Oder habe ich etwa nicht die Freiheit, mich an die Regeln zu halten? Tun, was alle tun, und wenn es noch so unsinnig, gefährlich oder böse wäre, das kann keine Option sein. Nicht im Ernst.

Ich weiß, wozu ich fähig bin. Ich bin, wenn Sie so wollen, ein talentierter Sünder. Aber ich will es nicht unbedingt zur Meisterschaft bringen in dieser Disziplin. Ich lege es jedenfalls nicht darauf an. Ich kann richtig böse sein. Aber ich muss es nicht, Gott sei Dank. Ich kann gegen diese unselige Neigung ankämpfen. Und ich will es auch tun.

„Du sollst der Menge nicht auf dem Weg zum Bösen folgen", hat Gott den Israeliten vor mehr als 3.000 Jahren am Berg Horeb ausrichten lassen (2. Mose 23,2). Eine Menschenmenge ist manipulierbar, verführbar, lässt sich mit ein paar psychologischen Kniffen leicht radikalisieren, und dann gebärdet sie sich maßlos und besinnungslos. Aber niemand kann mich zwingen, mitzulaufen, mitzuschreien, mitzutun. „Du sollst der Menge nicht auf dem Weg zum Bösen folgen" - das heißt für mich: Ich muss es auch nicht. Ich muss nicht in der Menge aufgehen, muss mich nicht willenlos der Mehrheitsmeinung unterordnen. Ich kann einen anderen Weg wählen und gehen – mit Gottes Hilfe.

Wer gackert, muss auch Eier legen

In der Politik sind Absichtserklärungen wohlfeil. Was wird nicht vor der Wahl alles versprochen – und hinterher nicht gehalten oder in Abrede gestellt. Am Ende des Buches Josua im Alten Testament, da kommt eine Absichtserklärung originellerweise nach der Wahl. Was für eine Wahl war das, und was für eine Absichtserklärung?

Nun, das Volk Israel hat nach vierzig Jahren Wüstenwanderung das Gelobte Land erobert und besiedelt. Der inzwischen hochbetagte Feldherr Josua beruft eine Volksversammlung ein. Und nun legt er seinen Leuten zwei Alternativen vor. Die Israeliten müssen sich entscheiden. Für den Gott ihrer Vorväter, dem sie das fruchtbare Land verdanken – oder für die Götter der soeben besiegten, unterlegenen Völker.

Geheim ist die Wahl nicht. Josua selbst lässt keinen Zweifel an seiner persönlichen Entscheidung: Er hat Gott gewählt. Das Volk wäre frei, sich anders zu entscheiden. Aber es schließt sich Josua an. Ausnahmslos. Josua macht seinen Volksgenossen noch einmal die Konsequenzen deutlich. Die bleiben dabei und bekräftigen ihre Wahl mit der Aussage: *„Wir wollen dem Herrn, unserm Gott, dienen und seiner Stimme gehorchen"* (Josua 24,24). Eine Absichtserklärung. Sie wollen ihrer Entscheidung Taten folgen lassen. Sie beurkunden das ausdrücklich.

Von wegen „Was geht mich mein Geschwätz von vorgestern an." Wer sich öffentlich auf Gottes Seite stellt, steht von da an unter Beobachtung und wird an Gottes Maßstäben und Regeln gemessen. Insofern war diese Absichtserklärung nicht ganz ungefährlich. Gott hat die Israeliten beim Wort genommen. Und andere haben zumindest verglichen: Was ist der Anspruch, und wie sieht es in Wirklichkeit aus?

Seitdem sind mehr als dreitausend Jahre vergangen. Aber die alte Regel gilt immer noch: Wer gackert, muss auch Eier legen. Wer sich öffentlich zu Gott bekennt, von dem oder der wird etwas erwartet. Das muss mir klar sein, wenn ich mir die Worte der Israeliten zu eigen mache und erkläre, dass ich Gott dienen und seiner Stimme gehorchen will.

Eingeheizt

Gold und Silber lieb ich sehr, kann's auch gut gebrauchen. Keine Frage. Und wie es im Studentenlied heißt: „'S braucht ja nicht geprägt zu sein, hab's auch so ganz gerne: sei's des Mondes Silberschein, sei's das Gold der Sterne!"

Gold und Silber sind schon faszinierend. Die edlen Elemente und das, was uns im übertragenen Sinn so edel vorkommt und so glänzt und schimmert: Es ist uns kostbar, es ist uns lieb und teuer, und warum ist es so kostbar und so teuer: Weil es selten ist – und rein. Geläutert. Zu diesem Zweck ist dem Gold und dem Silber richtig eingeheizt worden. Da hat jemand ordentlich Feuer gemacht. Da gab's Verluste: Schlacken, Verunreinigungen, unedle Bestandteile sind abgeschieden worden, sind verbrannt. Das glänzende Gold, das weiß schimmernde Silber hat die Tortur unbeschadet überstanden. Erst so sind die edlen Elemente zu ihren bemerkenswerten Eigenschaften gekommen.

„Wie der Schmelztiegel das Silber und der Ofen das Gold, so prüft der Herr die Herzen," heißt es im Buch der Sprüche Salomos. Das klingt zunächst einmal bedrohlich. Dabei ist in diesem weisen Wort ein Kompliment versteckt. Nämlich: Gott schätzt unsere menschlichen Herzen hoch ein. Er vermutet in jedem Menschen eine Goldader. In jeder und jedem von uns steckt ein enormes Potential. Gott hat uns dazu geschaffen, gut zu sein. Mit lauterem und reinem Herzen zu leben. Das Problem ist nur: Wie wird diese Güte, diese Qualität des menschlichen Herzens sichtbar? Wie kommt sie zum Vorschein?

Antwort: Indem Gott uns einheizt. Er stellt uns auf die Probe. Er konfrontiert uns mit dem Schrott, mit den unedlen Bestandteilen in unserem Leben. Er hilft uns, die Schlacken und Verunreinigungen loszuwerden. Das kann dauern. Geht vielleicht nicht von heute auf morgen. Aber am Ende dieses Prozesses steht ein reines Herz. Ein Herz aus Gold.

Hebräisch für Anfänger-II

Biblisches Hebräisch für Anfänger. Nach dem schönen Wörtchen „näfäsch" für Seele bzw. Kehle lernen wir in Lektion 2 ein Tätigkeitswort kennen: „leᵉzijet" heißt soviel wie „Gehorchen". Auch ein wichtiger Begriff, nicht nur im Alten Testament. Auf Gott hören – und ihm dann auch aufs Wort folgen. Das ist der häufigste Zusammenhang für dieses Wort „leᵉzijet" mit all seinen Beugungen.

Im Buch des Propheten Jeremia Kapitel 7, im Zusammenhang mit der sogenannten Tempelrede, da finden wir das Wort im Imperativ. Befehlsform. Was musste der Prophet auf der Schwelle des Tempels im Namen Gottes ausrufen: *„Gehorcht meinem Wort, so will ich euer Gott sein, und ihr sollt mein Volk sein"* (Jeremia 7,23). Die Beziehung des auserwählten Volkes zu Gott ist keine Einbahnstraße. Die Liebeserklärung Gottes verlangt eine Antwort. Gottes Angebot, zu führen und zu helfen und den Weg zu bahnen, ist gekoppelt an die Bedingung: Gehorcht meinem Wort. Dann könnt ihr euch mit Fug und Recht Gottes Volk nennen. Dann kümmere ich mich um euch. Dann geht es euch gut.

Genau besehen legt Gott die Messlatte noch nicht einmal besonders hoch. Er verlangt keinen blinden Gehorsam. Keinen Kadaver-gehorsam Er lässt durchaus mit sich diskutieren. Er geht auch auf Einwände ein. Aber ums Gehorchen kommt man im Leben mit Gott trotzdem nicht herum. Gehorchen aus Einsicht. Gehorchen aus der Erfahrung heraus, dass Gott liebevoll und vertrauenswürdig ist.

Leᵉzijet. Gehorchen. Biblisches Hebräisch nicht nur für Anfänger, sondern auch für Fortgeschrittene auf dem verheißungsvollen Weg mit Gott.

Gerechte – gibt's die überhaupt?

In unserer Gesellschaft fallen mir immer wieder mal zwei Tendenzen auf. Die eine Tendenz ist das Sich-Aufplustern. Stärke und Selbstbewusstsein markieren. Das schiere Gegenteil gibt es aber auch: Man kokettiert mit seinen Schwächen. Mit seinen Unzulänglichkeiten. Und ich frage mich: Was für eine Ansage würde Jesus wohl heute machen in eine Gesellschaft hinein, die so tickt?

Ich weiß es nicht, aber ich weiß, was Jesus den Angehörigen der ehrenwerten Gesellschaft seiner Zeit gesagt hat, nämlich: *„Ich bin gekommen, die Sünder zu rufen und nicht die Gerechten"* (Markus 2,17). Mir ist irgendwann aufgefallen: Ich höre bei diesem Satz gewöhnlich über die „Gerechten" hinweg. Ich höre vor allem „Sünder." Eigentlich seltsam. Denn Jesus hat öfter mal von Gerechten gesprochen – die hat es in Israel zu seiner Zeit offensichtlich auch gegeben. Fromme, gottesfürchtige Leute. Ich solidarisiere mich aber lieber mit den Sündern, denn die kommen in der Botschaft Jesu insgesamt besser weg.

Aber dabei übersehe ich womöglich etwas Wichtiges: Auch die Gerechten sind ja Zeugen des göttlichen Eingreifens geworden. Sie konnten Jesus als den Messias identifizieren, als den von Gott versprochenen Retter. Einzelne Gerechte haben sich eingereiht in die Anhängerschaft von Jesus. Aber in der Mehrzahl sind sie distanzierte Beobachter geblieben. Schade eigentlich, denn Jesus hat durchaus Verwendung für Gerechte. Niemand muss sich erst sündig fühlen, um sich Jesus anzuschließen und in seine Hand einzuschlagen. Im Gefolge des Messias finden alle ihren Platz. Das ist eine hochaktuelle Botschaft auch für Menschen unserer Tage.

Teamgeist

Einigkeit macht stark. Eine Fußballmannschaft, die sich einig ist, vom selben Geist beseelt, wo alle Eitelkeiten dem Teamgedanken untergeordnet werden, die kann etwas erreichen. Und das liegt dann nicht an den einheitlichen Trikots. Die sind nur ein äußeres Zeichen innerer Einheit. Solange sich die Spieler nicht untereinander einig sind, ist die Einheitskluft nur Mimikry. Die gegnerische Mannschaft wird es rasch merken, wenn es an der Abstimmung hapert, wenn sich die Spieler nicht blind aufeinander verlassen oder wenn jeder sein eigenes Ding macht.

Daran muss ich denken, wenn ich im Brief des Apostels Paulus an die Epheser lese: *„Durch Christus haben wir alle in einem Geist den Zugang zum Vater"* (Epheser 2,18). Alle in einem Geist. Es geht also nicht um Einheitlichkeit, sondern um Einheit. Einheit in Verschiedenheit. Aus den Sätzen vorher und nachher im Epheserbrief wird klar: Die Leute, die hier Zugang zu Gott finden, die sind von unterschiedlichen Orten aus gestartet. Bringen ganz verschiedene Voraussetzungen mit. Was sie eint, das ist derselbe Geist. Nicht derselbe Haarschnitt, nicht dieselben Lebensgewohnheiten, noch nicht einmal dieselbe Sprache. Der Geist. Auf neudeutsch würde man heute sagen: Der Team Spirit. Und wie kommt man ran an diesen Geist? Durch Jesus Christus.

Jesus stiftet diesen Geist der Einheit, Jesus bringt Menschen aus allen Völkern zusammen, arme und reiche, hochgebildete und schlichte. Jesus bügelt die Unterschiede nicht glatt, stutzt seine Anhänger nicht alle auf gleiche Länge wie einen englischen Rasen, verpasst ihnen keine Uniform. Und trotzdem sollten sie eigentlich miteinander können. Sollten es miteinander aushalten. Denn Jesus eint diesen bunten Haufen. Alle haben sie in einem Geist Zugang zu Gott, dem Vater. Wer zu dieser Truppe gehören will (ich könnte das unterschreiben), muss sich gelegentlich klar machen: Wir sind ein Team! Horst und Aishe und Steffen und Heidi und Nader und Theodora und Matthew und Jelena und Gerti ... und ... und ...

Hallo wach?!

„Den Seinen gibt's der Herr im Schlaf," heißt es in den Psalmen, dem mindestens 2.500, in Teilen 3.000 Jahre alten Liederbuch Israels. Will heißen: Das Wesentliche im Leben kann man sich nicht erarbeiten, das muss man sich schenken lassen, das kriegt man unvermittelt zugeteilt von diesem Herrn, von Gott also. Das ist freilich nur die halbe Wahrheit.

Zur ganzen Wahrheit gehört: Gott lässt sich in seiner Großzügigkeit schon auch bitten und beeinflussen. In der Bibel gibt es auch das eine oder andere Beispiel, da hat dieser großzügige Gott regelrecht mit sich handeln lassen. Und zum Handeln sollte man dann doch besser wach sein. Einen Handel im Schlaf oder auch nur Halbschlaf abschließen – das ist nicht so ratsam. Deshalb vermutlich hat der Apostel Paulus vor knapp 2.000 Jahren den Christen in der kleinasiatischen Kulturhauptstadt Ephesus empfohlen: *„Betet allezeit im Geist und dazu seid wach!"* (Epheser 6,18). Es wäre ja auch peinlich, wenn man Gott im abgelenkten oder weggetretenen Zustand um etwas bitten würde, Gott reagiert direkt oder fragt zurück, und man kriegt es womöglich gar nicht mit!

Damit wäre dann auch das alte Vorurteil ausgeräumt, wonach man zum Glauben den Verstand abschalten muss. Das Gegenteil ist der Fall. Wer mit Gott rechnet, sollte alle Sinne aktivieren, alle Antennen ausfahren. Empfangsbereit sein für den Gott, der sich bitten lässt.

Tugend – was ist das?

Was ein tugendhaftes Leben ausmacht, darüber ist sich die Menschheit im Kern schon seit über 2.000 Jahren einig. „Verständig, gerecht, tapfer und fromm" soll einer sein, hat der griechische Dichter Aischylos im 5. Jahrhundert vor Christus gefordert. Platon hat eine Generation später die Frömmigkeit durch Weisheit ersetzt, aber Gerechtigkeitssinn und Ehrlichkeit sollte der Tugendhafte auch bei ihm aufbringen. Mit diesen sogenannten Kardinaltugenden fährt man bis heute nicht schlecht. Eine zivilisierte menschliche Gesellschaft kann nicht auf sie verzichten.

Was Gott betrifft: Zweifellos sind Tapferkeit, Ehrlichkeit, Verständigkeit und Gerechtigkeitssinn auch Merkmale eines gottgefälligen Lebens. Aber leider nicht hinreichend, um vor Gott zu bestehen. Zur Ehrenrettung von Aischylos und Platon sei gesagt: Danach haben die beiden auch nicht gefragt. Aber interessant ist es ja schon: Was fehlt denn da noch?

Die Antwort hat 400 Jahre nach Platon der Apostel Paulus geliefert. In seinem Brief an die Christen in Galatien schreibt er: *„Wir wissen, dass der Mensch durch Werke des Gesetzes nicht gerecht wird, sondern durch den Glauben an Jesus Christus."* Und das meinte der Apostel ganz kategorisch. Im Prinzip kommt es auf den klassischen Tugendkatalog überhaupt nicht mehr an. Auch der größte Haderlump schlüpft durch die Gesichtskontrolle, sofern er den Glauben an Jesus Christus vorweisen kann. Weil das so ist, deshalb „sind auch wir zum Glauben an Jesus gekommen", schreibt Paulus selbstkritisch weiter (Galater 2,16).

Paulus war früher mal Parteigänger der besonders sittenstrengen und gebotstreuen Pharisäer gewesen, und natürlich hat er nach seiner Bekehrung nicht alle eingeübten Tugenden über Bord geworfen. Tugendhaftes Verhalten steht auch und gerade Christen gut an. Macht ihr Bekenntnis umso glaubwürdiger. Aber nur anständig leben – das wäre nicht genug. Entscheidend ist der Glaube an Jesus.

Von Pfauen und anderen Gockeln

Was ich an Pfauen und anderen buntschillernden Angehörigen der Vogelwelt so faszinierend finde, vor allem an den männlichen Vertretern, das ist ihr Talent zur übertriebenen Selbstdarstellung. Aufplustern, neudeutsch: Posen. Eindruck schinden. Mehr vorspiegeln, als in Wirklichkeit da ist.

Warum finde ich das so interessant? Weil mir als Mensch und da speziell als Mann dieses Gehabe natürlich auch nicht fremd ist. Unsereins kann das ganz gut, hat von klein auf trainiert. Kopf hoch, Brust raus, Bauch rein, Selbstbewusstsein demonstrieren. Alleine klarkommen. Alleine rauf auf die Leiter. Selber groß. Eine trotzige Haltung, und manchmal ist sie auch nötig, denn Niederlagen und Rückschläge und demütigende Erfahrungen hält das Leben zur Genüge bereit. Sich selbst klein machen, zurücktreten ins Glied, anderen zugestehen, dass sie etwas besser können – das fällt einem nicht so leicht, zumindest geht es mir so.

Aber zumindest Gott gegenüber kann und sollte ich mir das gestatten. Vor ihm muss ich mich nicht aufplustern. Vor ihm kann ich den Hut ziehen, ihm kann ich mich unterwerfen und gewinne sogar noch etwas dabei, erfahre ich aus dem 1. Petrusbrief Kapitel 5. Denn was lese ich da: *„Demütigt euch unter die gewaltige Hand Gottes, damit er euch erhöhe zu seiner Zeit"* (1. Petrus 5,6).

Aufplustern überflüssig. Posen unnötig. Gott verleiht mir Statur, Gott bringt mich groß raus. Zu gegebener Zeit. Wenn ich mich klein mache und mich seiner Macht, seiner gewaltigen Hand unterstelle.

7. Das bringt auf Trab!

Wie hoch ist Ihr Preis?

Zu den Grundpfeilern des menschlichen Zusammenlebens gehört der Gemeinsinn. Dahinter steckt die Einsicht: Was allen nützt, kommt auch mir zugute. Es zahlt sich für mich aus, wenn ich nicht rücksichtslos durchs Leben gehe, sondern das Wohl Anderer mit im Blick habe. Mich auch für sie einsetze. Letztlich ist Gemeinsinn also gesunder Egoismus.

Allzu große Selbstlosigkeit ist so gesehen schon wieder verdächtig. Wer mir ständig und großzügig Gutes tut, der oder die verpflichtet mich zu irgendeiner Art Gegenleistung, ob ich es will oder nicht. Nach dem Motto: Eine Hand wäscht die andere. Der Übergang von der harmlosen Gefälligkeit zur Bestechung verläuft dabei fließend.

Im 2. Buch Mose, kurz nach den Zehn Geboten, da ergeht an das Volk Israel die Anweisung: *„Du sollst dich nicht durch Geschenke bestechen lassen; denn Geschenke machen die Sehenden blind und verdrehen die Sache derer, die im Recht sind"* (2. Mose 23,8).

Jeder Mensch ist käuflich, wenn das Angebot nur verlockend genug ist – die Aussicht auf Teilhabe an irgendetwas Attraktivem. Eine Vergünstigung hier, eine Vorzugsbehandlung da. Auch ich bin für solche Versuchungen empfänglich. Aber ich will Gottes Rat ernst nehmen, will mich nicht blenden und nicht abstumpfen lassen für die berechtigten Ansprüche anderer. Muss mich darin üben, auch mal dankend abzulehnen und standhaft zu bleiben, wenn mich jemand oder etwas zu korrumpieren droht. Genauso will ich mir es mir verkneifen, andere zu schmieren - womit auch immer. Denn wenn Bestechlichkeit verwerflich ist, dann ist es die aktive Bestechung natürlich genauso.

Immer schön die Spur halten

„Wozu gibt es Leitplanken? Die Straße ist doch eigentlich breit genug, wenn ich mich immer an der Mittellinie orientiere, dann kann mir doch nichts passieren." – Auf derartige Gedanken kann man am Steuer des eigenen Kleinwagens schon mal kommen. Sachlich ist das im Normalfall auch richtig. Und trotzdem: Die Leitplanken, so überflüssig sie im normalen Alltag erscheinen mögen – die werden immer dann wichtig, wenn's mal keine Mittellinie gibt – oder wenn das nicht so Alltägliche eintritt: Starkregen, Sicht gleich Null. Oder das Gegenteil: Tiefstehende Sonne von vorn. Dann bin ich dankbar für jede Orientierungshilfe. Eben auch für die Vertrauen erweckend massive Leitplanke, die rechts von mir aufragt. Erst recht, wenn es jenseits der Leitplanke steil die Böschung hinauf oder hinunter geht.

Wozu hat Gott eine Reihe von Spielregeln ausgegeben? Die sprichwörtlichen zehn Gebote zum Beispiel und noch einige mehr? Vermutlich aus demselben Grund, aus dem es im Straßenverkehr Leitplanken gibt. Im dritten Buch Mose Kapitel 20 hat Gott seinen Gefolgsleuten ausrichten lassen: *__Haltet meine Satzungen und tut sie; ich bin der Herr, der euch heiligt__* (3. Mose 20,8). Mehr als dreitausend Jahre später ist das so zu lesen: „Immer schön zwischen den Leitplanken bleiben, die ich aufgerichtet habe, nicht mutwillig nach rechts oder links ausbrechen, dann geht's Euch gut. Und gern helfe ich euch auch, dass ihr noch nicht einmal <u>unabsichtlich</u> die Leitplanken küsst. Versprochen!"

Das ist viel mehr, als die Straßenverkehrsbehörde tut. Die spendiert leider nicht jedem Autofahrer einen Brems- und Lenkassistenten. Gott dagegen gibt nicht nur Regeln aus, er hilft auch, sie zu beherzigen.

Versicherungsmathematik

Die meisten Unfälle passieren in den eigenen vier Wänden. Das ist wissenschaftlich belegt. Die Statistiker rechnen Jahr für Jahr mit ca. 3 Millionen Unfällen in deutschen Haushalten. Vom gequetschten Finger über Verbrühungen, Verbrennungen, Verätzungen, Vergiftungen bis zum komplizierten Sturz – es gibt nichts, was einem im Haushalt nicht passieren kann. Zwei von tausend Unfällen enden sogar tödlich. In dieser Hinsicht ist es selbst im Straßenverkehr sicherer – dort kommen pro Jahr weniger als 3.000 Menschen zu Tode. Bei Unfällen im eigenen Haushalt sind pro Jahr 8.000 Tote zu beklagen.

Dabei sind viele Unfälle eigentlich vermeidbar. Die meisten passieren aus Eile oder aus Unachtsamkeit. Würden wir generell etwas Tempo rausnehmen und das Leben entschleunigen, dann würden viele Unfälle erst gar nicht passieren. Andererseits ist eine allzu gemächliche Schlagzahl für die Konzentration auch nicht gut.

Nun sind moderne Menschen ja oft überfordert mit den vielen Reizen und Informationen – und nicht zuletzt mit sich selbst. Da ist es gut, dass es eine ganz unabhängige Instanz gibt, die aufpasst und auf uns achtgibt. Nämlich Gott. Mit dem kalkuliert keine Versicherung, das wäre auch schwierig, aber ohne seine Fürsorge würden die Prämien vermutlich steigen. Denn wie heißt es schon im Liederbuch Israels, in den Psalmen: *„Lobet, ihr Völker, unseren Gott, lasst seinen Ruhm weit erschallen, der unsere Seelen am Leben erhält und unsere Füße nicht gleiten lässt"* (Psalm 66,8-9).

Wie gesagt: Die meisten Unfälle passieren im Haushalt. Dass so viel mehr Unfälle *nicht* passieren und so viele Unfälle glimpflich ausgehen, das könnte an Gott liegen. An seinen lebensherhaltenden Maßnahmen. Bei ihm bin ich und sind Sie gut aufgehoben.

Wenn die Augen mitlachen

Freude auf Befehl. Kann das funktionieren? Jedenfalls nicht so wie die Order „Bitte lächeln!" beim Fotografen. Für ein paar Sekunden die Mundwinkel nach oben ziehen, das kriegt man auch gegen die innere Verfassung hin. Aber Freude ist eine ursprüngliche Regung des Herzens. Die kann man nicht erzwingen, und die kann man noch nicht einmal kurzzeitig heucheln. Der französische Physiologe Guillaume Benjamin Duchenne hat um 1860 entdeckt, dass bei echter Freude nicht nur die Mundpartie, sondern auch die Muskeln rings um die Augen aktiv werden. Und das tun sie unwillkürlich – das kann man nicht bewusst kontrollieren.

Wenn also in der Bibel der Appell „Freut euch!" erklingt, dann muss vorausgesetzt werden, dass es ordentlich Grund zur Freude gab. Bestes Beispiel ist ein Lied, das sich wortgleich im 1. Buch der Chronik Israels und in den Psalmen findet. Und zwar heißt es in Psalm 105,3: *„Es freue sich das Herz derer, die den Herrn suchen!"* Anlass zu diesem Freudenausbruch war die feierliche Überführung der Bundeslade, des religiösen Heiligtums Israels, in die Königsstadt Jerusalem. Das ganze Volk war darüber in Festlaune, und David, der Dichter auf dem Königsthron, hat die Hymne dazu geschrieben. Eine einzige feierliche Ode auf die wunderbare Geschichte des Volkes mit seinem Gott – und umgekehrt: Gottes mit seinem Volk. Die bloße Erinnerung daran hat ausgereicht, ein freudiges Lächeln in die Gesichter zu zaubern – nicht nur um die Mundwinkel, sondern auch um die Augen. Echte Freude im Sinn von Guillaume Benjamin Duchenne.

Nun hat sich das alles vor ziemlich genau 3.000 Jahren abgespielt. Gibt es so etwas heute noch? Aber ja. Meine individuelle Geschichte mit Gott ist vielleicht nicht so spektakulär wie die eines David oder des Volkes Israel damals, aber wenn ich es mir recht bewusst mache, habe ich allen Grund, mich zu freuen. Mit den Mundwinkeln, mit der Augenpartie und vor allem mit dem Herzen.

Ohne Verfallsdatum

Die Psalmen sind bekanntlich eine Liedersammlung aus dem alten Israel, vor 2.500 und mehr Jahren entstanden im Heiligen Land zwischen Jordan und Mittelmeer. Und doch wirken einzelne Verse aus diesem Liederbuch zu bestimmten, viel späteren Zeiten in ganz anderen Zusammenhängen topaktuell. Psalm 107, Vers 3 und folgende – das wäre so einer. Den liest man in Deutschland seit 1989 mit anderen Augen. Denn was steht da?

„Die er aus den Ländern zusammengebracht hat von Osten und Westen, von Norden und Süden: Die sollen dem Herrn danken für seine Güte und für seine Wunder, die er an den Menschenkindern tut." (Psalm 107,3.8)

Nach dem Ende der babylonischen Gefangenschaft ist dieser Psalm entstanden. Ein in alle Himmelsrichtungen zerstreutes Volk kehrte heim, fand sich wieder. Ein Wunder nach drei Generationen Verschleppung und Verbannung. – 2.500 Jahre später in Mitteleuropa waren die Bedingungen anders. Ein geteiltes Land, ein geteiltes Volk. Aber die Beschreibung passt trotzdem, und die Wunder, die im Spätsommer und Herbst 1989 passiert sind, erscheinen im Rückblick immer noch unglaublich.

Den Israeliten als Bundesvolk Gottes war schmerzlich bewusst, dass sie sich ihre traurige Vergangenheit selbst eingebrockt hatten. Zugleich wussten sie, wem sie den wundersamen Neuanfang zu verdanken hatten: Nämlich Gott. - Auch die deutsche Teilung war letztlich das bittere Ergebnis menschlicher Schuld, menschlichen Größenwahns und damit menschlicher Auflehnung gegen Gott. Von dieser Einsicht ist es nicht weit bis zu dem Gedanken, dass bei der Durchlöcherung des Eisernen Vorhangs und beim Fall der Mauer 1989 eine höhere Instanz Regie geführt haben könnte als der damalige ungarische Außenminister und der Staatsrat der DDR. Der Gott, der seit 2.500 Jahren Übung darin hat, Menschen von Osten und Westen zusammen zu bringen. Ein Dankeschön ist dafür das Mindeste. Begeisterung für und Hingabe an diesen gütigen Gott, das wäre die angemessene Antwort.

Ehrlich währt am längsten

Von der Höhe oberhalb unseres Dorfes aus kann man die mittelalterliche Burg Greifenstein sehen. Die Burg hat einiges zu bieten, nicht nur ein Glockenmuseum, sondern auch eine kultige, gern für Hochzeiten genutzte Barockkirche – und ein Verlies, in dem man allerlei Folterwerkzeuge besichtigen kann. Zum Beispiel einen Bäckerstuhl. Seinerzeit vorgesehen für betrügerische Vertreter des Bäckerhandwerks. Wahrscheinlich hat schon die schiere Existenz dieser furchtbaren Vorrichtung dafür gesorgt, dass die Bäcker beim Abwiegen und Portionieren ganz besonders genau aufgepasst haben. Zu kleine Brötchen konnte sich kein Bäcker erlauben.

Falsche Waage, falsches Gewicht, falsche oder unvollständige Angaben beim Verkauf von Zugochsen oder Ackerpferden oder Gebrauchtwagen. Überhöhte Preise, Mogelpackungen. Das hat es immer schon gegeben. Alles klare Verstöße gegen das siebte und achte Gebot: „Du sollst nicht stehlen" – und „Du sollst nicht falsch Zeugnis reden." Daran gibt es eigentlich nichts zu deuteln. Uneigentlich aber schon. Sonst hätte der Apostel Paulus den Christen im antiken Thessalonich, dem heutigen Saloniki, nicht in einem seiner Briefe einschärfen müssen: *„Niemand gehe zu weit und übervorteile seinen Bruder im Handel; denn der Herr ist ein Richter über das alles"* (1.Thessalonicher 4,6).

Offenbar waren die Christen in Thessalonich sehr geschäftstüchtig. Und da sind beim erfolgreichen Handeln schon mal die ethischen Maßstäbe verrutscht. Kommt mir nicht unbekannt vor, gibt es heute noch, und die Versuchung ist ja auch groß. Aber Paulus weist zurecht darauf hin: Zumindest einer weiß, was der arglose Kunde nicht ahnt. Dieser eine ist Gott. Und der wird dem betrügerischen Verkäufer eines Tages die Ohren langziehen. Die christliche Verkäufer-Ethik kann also nur lauten: Wahrheit siegt. Alles muss auf den Tisch, nichts verschweigen. Kulanz, wenn es Probleme gibt. Zufriedene Kunden sind die beste Werbung.

Das Nötigste

Jesus von Nazareth gilt vielen Menschen als glaubwürdiges Vorbild. Selbst ausgesprochene Zweifler und Gottesleugner gestehen ihm zumindest das zu: ein großer Menschheitslehrer war er allemal. Lustig daran ist: Die Lektionen des Jesus von Nazareth fallen in sich zusammen ohne den väterlichen, gütigen und allmächtigen Gott, auf den sich Jesus pausenlos berufen hat. Jesus ernst nehmen heißt also automatisch: Gott ernst nehmen.

Jesus hat seinen Anhängern auch nur ein einziges Gebet beigebracht, das Vater unser. Sieben Bitten. Die vierte davon, die mittlere – die ist ausgerechnet die profanste von diesen sieben Bitten. Da geht's um die biologischen Bedingungen des menschlichen Daseins. *„Unser tägliches Brot gib uns heute"* (Matthäus 6,11). Das tägliche Brot im Sinn von: Das Auskommen. Das Nötigste. Mitgedacht außer dem Essen auch das Trinken, die Kleider auf dem Leib, das Obdach. In dem Bewusstsein: Wenn wir all das genießen, vielleicht sogar im Überfluss, dann haben wir es einerseits vielleicht hart erarbeitet, andererseits verdanken wir es trotzdem Gott. Und wenn es daran fehlt, wenn der Kühlschrank und der Bauch leer sind, wenn wir nicht wissen, woher nehmen, wenn nicht stehlen, dann soll der erste Hilferuf nicht dem Staat gelten. Sondern auch wieder Gott, dem fürsorglichen Vater.

Unser tägliches Brot gib uns heute. Plural. Solidarität ist in diese Bitte schon mit eingebaut, und das war wohl kein Versehen von Jesus. Die Menschen rechts und links von mir sollen auch das Nötige zum Leben haben. Gottes Großzügigkeit reicht prinzipiell für alle, nicht nur für mich. Was Gott mir schenkt, soll ich ihnen auch gönnen.

Eine mächtige Lektion. In nur einem Satz. Gut, wenn man sie öfter wiederholt. Am besten im Zusammenhang mit den anderen sechs Bitten des Vater unser.

Universal

Die kleinen grünen Männchen können aufatmen. Nur mal angenommen, es gäbe sie tatsächlich – dann hätten auch sie Aussicht auf Heil und Erlösung, auf eine verheißungsvolle Zukunft über den Tod hinaus.

Ich wäre nicht überrascht, wenn Sie sich fragen würden: Wovon redet der Mann? Gegenfrage: Haben Sie schon mal überlegt, wie die Erkenntnisse der Astronomie mit den Aussagen der Bibel zusammenpassen? Millionen von Milchstraßen gibt es da draußen mit Trillionen von Sternen mit noch viel mehr Planeten. Vermutlich herrschen auf Tausenden von Welten ähnlich lebensfreundliche Bedingungen wie hier auf der Erde. Das tangiert uns nicht besonders, denn diese erdähnlichen Planeten sind in jedem Fall unerreichbar weit weg von uns.

Spannend wird's, wenn wir fragen: Hat das, was wir hier auf der Erde erleben, Bedeutung für den Rest des Weltalls? Die Antwort ist ein klares *Ja!* Das hat jedenfalls vor knapp 2.000 Jahren der Apostel Paulus behauptet in seinem Brief an die Christen im kleinasiatischen Kolossä. Zitat Paulus: *„**Gott versöhnte durch Christus alles mit sich, es sei auf Erden oder im Himmel, indem er Frieden machte durch sein Blut am Kreuz.**"* – Das muss man sich mal vorstellen: Eine Hinrichtung vor ca. 1990 Erdenjahren im hintersten Winkel des römischen Reiches soll sich noch in Abermillionen Lichtjahren Entfernung auswirken.

Der Verstand mag sich dagegen sträuben. Aber gerade in den letzten Jahrzehnten ist durch die moderne Physik das Unvorstellbare zumindest denkbar geworden. Und schon vor ca. 80 Jahren hat der englische Gelehrte Clive Staples Lewis in seinem Romanzyklus „Perelandra" scharfsinnig nachgewiesen, dass Jesus Christus durch sein stellvertretendes Leiden und Sterben tatsächlich dem *ganzen* Universum Heil angeboten hat.

Selbst wenn es also kleine grüne Männchen gäbe – sie wären genauso erlösungsbedürftig wie wir, hätten es genauso nötig wie wir. Aber Gott müsste sich für sie keinen extra Rettungsplan überlegen. Die eine Rettungsaktion reicht tatsächlich für alle. Zumindest das ist sicher – während nach wie vor Zweifel angebracht sind, ob es kleine grüne Männchen gibt.

Überzeugungen im Härtetest

Umsonst ist nur der Tod, und der kostet das Leben. Alles hat seinen Preis. Das gilt auch für persönliche Überzeugungen, das gilt auch für den christlichen Glauben. Einmal andersherum betrachtet: Was nichts kostet, ist auch nichts wert. Wenn es niemanden scheren würde, was Christen glauben, wenn ihre Botschaft nicht wahrgenommen würde, weder angenommen noch abgelehnt oder bekämpft: Das wäre auch aufschlussreich. Dann könnte man zu dem Ergebnis kommen: Die Untergangspropheten hatten recht, die seit Mitte des 19. Jahrhunderts das Absterben der Religion vorhergesagt haben.

Die großen Diktaturen des 20. Jahrhunderts haben versucht, dem nachzuhelfen und das Verschwinden der Religion zu beschleunigen, vor allem das Verschwinden des jüdischen und des christlichen Glaubens. Und das hatte durchaus Wirkung. Andererseits bewährt sich der Glaube gerade in den Kerkern und Folterkellern und Umerziehungslagern, und die Märtyrer werden mit ihrem Bekennermut zu Vorbildern für die nächste Generation von Gläubigen. Diese Erfahrung zieht sich durch die gesamte Kirchengeschichte.

Bereits der Hebräerbrief, in der zweiten Hälfte des 1. Jahrhunderts entstanden, appelliert an seine Leser: *„Denkt an die Gefangenen, als wärt ihr Mitgefangene"* (Hebräer 13,3). Schon da war der christliche Glaube auf dem Prüfstand, schon da wurde einzelnen Gläubigen extrem viel abverlangt. Für die Gläubigen, denen es vergleichsweise gut geht, die ihre Überzeugung ungehindert äußern und ihren Glauben ganz offen leben können, also für einen wie mich, ist das Schicksal der Gefangenen Mahnung und Ansporn zugleich: Der Glaube prägt und trägt und ist auch den höchsten Einsatz wert.

8. Das ist starker Tobak!

Wrestling in der Bronzezeit

Der Alte mit Bart. Der Weltentrückte, Ferne auf der Wolke. Unnahbar, distanziert. Ein unpersönliches Prinzip. Derartige Vorstellungen von Gott geistern durch die moderne Welt. Mit ein bisschen Bibelkenntnis ließe sich dieses unscharfe und irreführende Bild korrigieren. Denn wenn Gott eines nicht ist, dann fern und unpersönlich. Gott ist eben nicht weit weg. Er rückt den Menschen auf die Pelle. Er funkt ihnen direkt in ihre Lebensgestaltung hinein. Nicht ständig, aber gelegentlich. Er ist präsent, ist nicht immer, aber manchmal buchstäblich mit Händen zu greifen.

Im Fall des Erzvaters Jakob lässt Gott es sogar auf einen Ringkampf ankommen. Wrestling im Alten Testament. Überliefert ist die Begebenheit im 1. Buch Mose Kapitel 32, und zugetragen hat sich das alles an einer Furt am Jabbok, einem linken Nebenfluss des Jordan. Der Fight ging gewissermaßen über die volle Distanz, eine ganze Nacht hindurch, ohne Flutlicht, ohne Publikum. Und Jakob konnte erstaunlicherweise gegenhalten. Selbst als sich sein göttlicher Gegenspieler mit sagen wir mal grenzwertigen Mitteln aus der Affäre zu retten versucht: Es hilft alles nichts – Jakob hält ihn im Schwitzkasten. Und gibt seinen Gegner erst frei, als der sich auf Jakobs Bedingung eingelassen hat. Nämlich: *„Ich lasse dich nicht los, bevor du mich gesegnet hast"* (1. Mose 32,27).

Es kommt übrigens nicht darauf an, ob Gott ihn hat gewinnen lassen, oder ob Jakob ihn in jener Nacht tatsächlich niedergerungen hat. Jedenfalls hat sich Jakob mit seinem Sieg den Beinamen „Israel" eingehandelt, zu Deutsch: „Gottesstreiter". Damit hier keine falsche Vorstellung aufkommt: Auf Händel mit dem allmächtigen und persönlichen Gott sollte sich besser nur einlassen, wer sich auch sonst auf Gott einlässt.

Auf der Klinge eines Floretts

Von einem jüdischen Weisen ist der Satz überliefert: „Als unsere Liebe noch stark war, konnten wir uns auf der Klinge eines Floretts schlafen legen. Nun aber reicht auch eine Bettstatt von sechzig Ellen nicht aus."

Die Bettstatt von sechzig Ellen, da klingelt es bei frommen Juden und überhaupt bei allen, die sich ein wenig in der Bibel auskennen: Das ist ein Fingerzeig auf Salomos Tempel. Das Zentralheiligtum des Volkes Israel in Jerusalem. Dieser Tempel war sechzig Ellen lang – das entspricht etwa dreißig Metern. Ein Bett mit ordentlicher Überlänge.

Aber wie kam der jüdische Weise überhaupt darauf, den Tempel mit einem Bett zu vergleichen? Bett für wen? Offensichtlich ja nicht für Gott. Das war schon dem Bauherrn klar, dem König Salomo. Der hat bei der Einweihung des Tempels, an Gott gerichtet, gesagt: *„Siehe, der Himmel und aller Himmel Himmel können dich nicht fassen - wie sollte es dann dieses Haus tun, das ich gebaut habe?"* (1. Könige 8,27). Für den allmächtigen Schöpfer, dessen Thron der ganze Kosmos ist und dem die Erde gerade mal als Fußschemel dient, wäre auch ein Dreißig-Meter-Bett ein bisschen knapp bemessen.

Insofern hat der jüdische Weise etwas sehr Wahres gesagt: Die Bettstatt von sechzig Ellen ist für die Gläubigen da. Sie sollen dort Ruhe finden. Inneren Frieden. Das Gotteshaus ist nicht Gottes Wohnquartier, sondern allenfalls Gottes Audienzraum. Dort kann man sich dem Allmächtigen nahen. Und wo die Liebe zu Gott stark ist, da braucht man noch nicht einmal eine solche weihevolle Stätte, um Gottes Nähe zu erleben.

Schaden und Spott

Kummer macht schlank. Könnte man meinen, wenn man Psalm 42,4 oberflächlich liest. Denn wie heißt es da: *„Meine Tränen sind meine Speise Tag und Nacht."* - Aber so buchstäblich darf man die Aussage dann doch nicht verstehen, und sie geht ja auch noch weiter: „Meine Tränen sind meine Speise Tag und Nacht, *weil man täglich zu mir sagt: Wo ist nun dein Gott?"* - Das also ist der Grund für das Elend.

Da hat einer einen Schaden erlitten, und den Spott seiner Mitmenschen kriegt er gratis noch dazu. Täglich. Da hat sich einer auf Gott verlassen, hat kein Hehl aus seinem Gottvertrauen gemacht – und nun das: Ein Schicksalsschlag, ein Missgeschick, eine lange Kette scheinbar unerhörter Gebete. Und die Zuschauer lachen sich eins. Wo ist nun dein Gott?

Die Tränen, die verstohlen verdrückten oder offen und ungehemmt rinnenden – die zeigen, wie tief die Verletzungen reichen. Wie schmerzhaft die menschliche Häme sein kann, wie bitter die oberflächlichen Späße auf Kosten anderer für diese Anderen sein können. Aber die Tränen sind überhaupt nicht aussagekräftig, was ihren Glauben angeht, ihr Vertrauen zu Gott. Unter dem verhärmten Gesicht, hinter der von Sorgen zerfurchten Stirn muss nicht Verzweiflung zuhause sein. Kann die Zuversicht keimen. Eine trotzige Zuversicht vielleicht, eine wehrhafte, weil immer wieder angefochtene Hoffnung. Aber eben: Hoffnung und Zuversicht. Auf den nur scheinbar fernen, in Wirklichkeit aber gegenwärtigen Tröster und Helfer. Auf den nur scheinbar abwesenden, in Wirklichkeit aber allmächtigen und tatkräftigen Gott.

Auf wen ist Verlass?

Kanzler und Ministerpräsidenten und andere Politiker, Cäsaren und Könige von eigenen oder angeblich von Gottes Gnaden, Konzernlenker und Spitzenmanager – bei aller Machtfülle sind sie letztlich ganz normale Sterbliche. Ihre Macht ist nur verliehen, ihr Glanz zum größten Teil nur Widerschein, nicht eigenes Licht. Wir haben in den letzten Jahren regelmäßig beobachten können, dass Menschen umso jäher und umso tiefer abstürzen, je gewaltiger ihre Machtfülle einst war. Das hält freilich viele Zeitgenossen nicht davon ab, die Nähe der Mächtigen zu suchen. Sie wollen auch ein paar Strahlen von der Zentralsonne abbekommen. Es steigert ihr eigenes Selbstwertgefühl.

Dabei warnen schon die Psalmen aus dem uralten Liederbuch Israels davor, allzu großes Vertrauen auf menschliche Führungsstärke zu setzen. *„Verlasst euch nicht auf Fürsten; sie sind Menschen, die können ja nicht helfen,"* heißt es in Psalm 146,3. Eine brauchbare Alternative bieten die Psalmisten auch gleich an: Anstatt auf nur bedingt mächtige Menschen sollen wir unsere Hoffnung lieber auf den Allmächtigen setzen. Anstatt auf Sterbliche sollen wir vernünftigerweise auf den Ewigen vertrauen. Denn Kaiser, König, Edelmann kochen nur mit Wasser. Kanzler, Konzernchef, Generaldirektor sind fehlbar und erliegen oft den Einflüsterungen von rechts oder links. Wer von Menschen Übermenschliches erwartet, wird zwangsläufig enttäuscht. Gott ist der Einzige, der unser Vertrauen restlos und unbedingt verdient hat.

Die Weisheit der Weisen

„Der Gotteswahn" – so heißt ein Buch des streitbaren Neodarwinisten und Atheisten Richard Dawkins. Es hat nach seinem Erscheinen im Jahr 2006 eine Menge Staub aufgewirbelt. Sogar das wählerische Hamburger Nachrichtenmagazin „Der Spiegel" hat den Dawkinsen dieser Welt 2007 eine Titelstory gewidmet. Seltsam. Haben wir das wirre kommunistische Gefasel vom „wissenschaftlichen Atheismus" schon vergessen? Diesmal kommt der Atheismus forsch durch die Vordertür und hat tatsächlich einen gelehrten weißen Kittel an. Da wird munter nach „Gottesgenen" geforscht; da werden Hirnstromaufnahmen von religiösen Menschen mit denen von Geisteskranken verglichen, da wird wie schon öfter in der Geschichte der Gottesglaube für überflüssig und abgehakt erklärt, nur diesmal eben unterfüttert mit neurowissenschaftlichen, biologischen oder physikalischen Gedanken.

Vor 2.600 Jahren hat der Prophet Jeremia im Namen Gottes eine ironische Frage gestellt. Die liest sich so, als wäre sie geradewegs auf die hochgelehrten Gottesleugner der Gegenwart gemünzt. Jeremia fragte: *„Was können die Weisen Weises lehren, wenn sie des Herrn Wort verwerfen?"* (Jeremia 8,9) - Es ist offensichtlich: Die größten Gelehrten sind mit ihrem Latein bald am Ende, wenn sie nichts außerhalb ihrer Zunft gelten lassen. Sie stoßen rasch auf ethische Zwickmühlen, auf unentscheidbare Fragen, auf menschenverachtende Alternativen.

Zum Glück gab und gibt es große und zugleich demütige Wissenschaftler. Geistesriesen wie Max Planck, Werner von Heisenberg, Carl Friedrich von Weizsäcker. Alles Leute, die durchaus bis drei zählen konnten – und trotzdem waren sie nicht so tollkühn, dass sie deshalb Gott aus ihrem Denken verbannt hätten. Ihre Weisheit ergab nur in einem noch größeren Horizont einen Sinn. Insofern ist die Frage Jeremias heute so aktuell wie vor 2.600 Jahren. Die „Weisheit der Weisen" bekommt ihren Gültigkeits-stempel von Gott, dem Schöpfer aller Dinge.

Hoch im Kurs

Kaum etwas hat sich in den vergangenen Jahrzehnten so stark verändert wie die Sexualmoral. Aber was sich *nicht* verändert hat, das ist der hohe Stellenwert von Liebe und Treue. Die Jungen und Jüngsten haben in dieser Hinsicht die höchsten Ideale. „Treulos" – das ist das denkbar vernichtendste Urteil, das Teenager fällen. Und wenn sich Jugendliche – mal wieder – unsterblich verlieben, dann schwören sie sich und einander gerne: „Diesmal ist es für immer!"

Treue hat natürlich mit wechselseitigem Vertrauen zu tun. Ich bin dir treu – du kannst dich auf mich verlassen. Felsenfest. Ich werde dich nicht hintergehen. Ich denke nicht mal daran. Und ich will mich auf dich genauso bedingungslos verlassen können. Du sollst und wirst es nicht bereuen.

Und nun ist spannend: Da, wo sich Gott in der Geschichte uns Menschen gegenüber erklärt hat, da hat er sich genau dieser Begriffe und Vorstellungen bedient. *„In Treue will ich mich mit dir verloben, und du wirst mich, den Herrn, erkennen,"* heißt es zum Beispiel im Buch des Propheten Hosea (Hos. 2,22), und das ist immerhin schon 2.700 Jahre alt. Eine Liebeserklärung an Gottes auserwähltes Volk Israel, das damals gerade massiv bedroht war von den Assyrern. Nach dem Motto: Wenn alle dich im Stich lassen, wenn alle andern dir die Freundschaft aufkündigen – ich nicht. Du gehörst zu mir. Ich gehöre zu dir.

Diesen Bund hat Gott bis heute nicht gekündigt, im Gegenteil: Er hat ihn ausgedehnt über das Volk Israel hinaus. Er bietet seine Liebe und Treue auch Ihnen und mir an. Kann man so ein Angebot ausschlagen?

Sagenhaft!

Unter den Superstars der Antike hat der israelitische König Salomo einen prominenten Platz. Zwar war sein Reich eher überschaubar, verglichen etwa mit dem Pharaonenreich im südlich benachbarten Ägypten oder auch mit dem mittelasyrischen Reich im Nordosten. Er konnte weder als großer Feldherr punkten wie sein Vater David, noch war er sagenhaft reich wie manche der babylonischen und persischen Großkönige in den Zeiten nach ihm. Dafür war er aber berühmt für seine Weisheit. Das hatten die Menschen schon damals begriffen: Nichts ist schlimmer als Macht gepaart mit Dummheit. Ein weiser Herrscher dagegen kann und wird auch begrenzte Macht zum Nutzen aller einsetzen.

Salomos Weisheit war so legendär, dass prominente Gäste von weit her anreisten, um sich davon zu überzeugen. Die Königin von Saba zum Beispiel. Und die spielt 1.000 Jahre später nochmal eine Rolle. Denn da hat sich Jesus auf sie bezogen. Kann man nachlesen im Lukasevangelium. Da sagt Jesus ganz unbescheiden: *„Die Königin vom Süden kam vom Ende der Welt, zu hören die Weisheit Salomos. Und siehe, hier ist mehr als Salomo"* (Lukas 11,31).

Wollte Jesus damit etwa behaupten, er sei noch schlauer als der sagenhaft weise Salomo? Nun, genau besehen hat Jesus nicht die Weisheit Salomos für sich reklamiert, aber seine Prominenz schon. Jesus hat den neugierigen und sensationshungrigen Leuten in seiner Umgebung klar gemacht: Ihr seid hier bei mir schon richtig. Hier passiert etwas Einmaliges. Aber es ist nicht so, wie ihr denkt. Ich mache keine Kunststückchen. Ich bin kein Houdini. Ich will nicht mich entfesseln, sondern euch. Ich löse auch keine Rätsel. Ich will euch er-lösen. Ich kann das. Salomo war ungemein weise, aber er konnte das nicht. Insofern ist hier tatsächlich mehr als Salomo.

Unausgesprochen hat Jesus damit auch die Frage gestellt: Wenn ihr Salomo so verehrt – wie haltet ihr es mit mir? Und diese Frage gebe ich heute, nochmal knapp zweitausend Jahre später, gerne weiter. Wie halten wir es, Sie und ich, mit Jesus?

Vater Abraham

Erstaunlich viele Menschen wissen spätestens, seit sie im Kindergarten waren: Vater Abraham hat viele Söhne, oder politisch korrekt und geschlechtsneutral: viele Kinder. Denn im Kindergarten wird das mit dem kinderreichen Vater Abraham als beliebtes Kreisspiel gepflegt.

Historisch richtig daran ist: Der vermutlich populärste Viehzüchter der Weltgeschichte Abraham hat zwar erst im Greisenalter Vaterfreuden erlebt, und er hat nach allem, was wir wissen, auch nur acht Kinder gezeugt (was heißt nur: damit überbietet er nachweislich die meisten Männer der Gegenwart). Aber der Punkt ist doch: Aus der bescheidenen einstelligen Zahl ist im Lauf der Jahrhunderte etwas Weltbewegendes geworden. Wenn von Abrahams vielen Kindern die Rede ist, dann geht es um die Flut leiblicher und vor allem geistlicher Nachkommen. Das Volk Israel als Ganzes führt sich auf Abraham zurück; auch die arabischen Völker reklamieren ihre Abstammung von Abraham.

Die geistlichen Nachkommen Abrahams – das ist nochmal ein Fall für sich. Der Apostel Paulus hat Abraham in einem Brief an die Christen im kleinasiatischen Galatien als Protoyp des Glaubens vorgestellt und hat daraus geschlussfolgert: *„Wer immer sein Vertrauen auf Gott setzt, wird zusammen mit Abraham, dem Mann des Glaubens, gesegnet werden"* (Galater 3,9). Wenn das wahr ist, dann hat Vater Abraham tatsächlich extrem viele Kinder. Eine gewaltige Familie aus allen Nationen, die auch heute noch stetig Zuwachs bekommt. Wer zu glauben beginnt, wird damit zugleich Abrahams Sohn, Abrahams Tochter. Und bekommt auch was von dem Segen ab, den Gott einst Abraham gespendet hat.

Vorbildlich

Wie muss ein Vorbild beschaffen sein? Was muss ein Mensch mitbringen, dem andere vertrauen sollen, an dem sie sich orientieren können, dem man sich gern anschließt und auf dessen Vision man sich einlässt? Nun, Vorbilder müssen zunächst einmal *selbst* Mensch sein, durch und durch. Begeisterungsfähig, empfindsam, damit auch leidensfähig und in der Lage, mit anderen zu fühlen.

Bei Jesus von Nazareth käme niemand auf die Idee, zuerst nach dem Intelligenzquotienten zu fragen, obwohl er zweifellos ziemlich helle war. Auch nicht nach der körperlichen Fitness, obwohl er als gelernter Zimmermann bestimmt besser auf Draht war als viele Kopfarbeiter und Couchpotatos heutzutage. Aber Vorbild war und ist er für unglaublich Viele. Das liegt vermutlich auch und gerade an seinen menschlichen Zügen.

In einem Brief aus der Frühzeit des Christentums heißt es von Jesus: *„Als er auf Erden lebte, hat er mit lautem Schreien und unter Tränen Gebete und Bitten vor den gebracht, der ihn aus dem Tod retten konnte."* Aha – Jesus hatte Todesangst, wie andere Menschen auch. Im Nachsatz heißt es dann: *„Er ist erhört und aus seiner Angst befreit worden"* (Hebräer 5,7). Jesus hat das Schlimmste durchgemacht, er hat es buchstäblich hinter sich gebracht. Er war sich nicht zu schade, um Hilfe zu bitten, als es für ihn eng wurde. Er war selbstbewusst, aber er kannte auch seine Grenzen. Er hat für seine Anhänger und Freunde alles eingesetzt. Das zusammen macht Jesus in der Tat zum Vorbild. Und aus eigener Erfahrung weiß ich: Jesus kann für einen Menschen noch viel mehr sein als das.

9. Das gibt's doch gar nicht!

Keine Diskussion

Manche Sätze wirken wie Hammerschläge. Und hinterlassen auch ein entsprechendes Gefühl: Man ist wie gelähmt, wie vom Donner gerührt. Das erste der sprichwörtlichen zehn Gebote (2. Mose 20,3) ist von diesem Kaliber. *Du sollst keine anderen Götter haben neben mir."* Punkt. Pause.

An diesem Satz hat man erst einmal zu kauen. Wer diesen Brocken am Stück hinunterschluckt, dem oder der kann er schwer im Magen liegen. Man kann es sich natürlich auch einfach machen und überhaupt nicht kauen und schlucken, sich der Wucht des Gebotes gar nicht erst aussetzen. Nach dem Motto: „Du sollst am besten überhaupt keine Götter haben, dann hast du auch keinen Ärger." Aber das ist im Grunde keine erlaubte Lesart des Gebotes, sondern ein ziemlich naives Missverständnis.

Andersherum wird ein Schuh daraus. „Du sollst keine anderen Götter haben neben mir", das kann man positiv so lesen: „Du sollst einen Gott haben." Und zwar nicht irgendeinen. Sondern den Einen. Den einzig wahren Gott. In Stein graviert, hat Gott seinem Volk ausrichten lassen: Die anderen Götter kannst du vergessen.

Was denn für andere? Nun, interessanterweise hält jedes Zeitalter ein paar eigene Kandidaten bereit. Die Götzen von heute sind vielleicht nicht mehr gegenständlich wie zur Zeit der Wüstenwanderung Israels. Aber auch sie genießen göttergleiche Verehrung. Vergötzt wird zum Beispiel der wissenschaftliche Fortschritt. Vergöttert werden die besonders Erfolgreichen, egal in welchem Fach. Schließlich der prominenteste Götze der Gegenwart: Das Geld. Von Jesus gleichgesetzt mit dem Götzen Mammon. Der macht Gott von jeher den Thron streitig.

„Du sollst keine anderen Götter haben neben mir," sagt Gott ganz kompromisslos. Er verspricht in diesem Zusammenhang nichts. Die Frage „Was habe ich davon?" stellt sich nicht. Natürlich lohnt es sich, auf Gott zu setzen. Aber das steht auf einem anderen Blatt. Gott beansprucht unsere Hingabe ganz selbstverständlich. Und ausschließlich.

Armes Deutschland

Deutschland ist ein reiches Land. Reich an materiellen Gütern, reich an hellen Köpfen, reich an vielfältigen, blühenden Landschaften.

Deutschland ist ein armes Land. Arm an Kindern. Viele Paare verkneifen sich den Kinderwunsch oder stellen ihn so lange zurück, bis die biologische Uhr ausgetickt hat. Viele andere Paare hätten schon ganz gerne Kinder, aber es klappt nicht. Ungewollt kinderlos sind schätzungsweise 15 % aller Paare. Viele finden sich traurig damit ab. Andere setzen ihre Hoffnung auf die mittlerweile alltäglichen Verfahren zur künstlichen Befruchtung. Aber auch sie werden oft enttäuscht – nur in einem Viertel der behandelten Fälle stellt sich der ersehnte Nachwuchs ein.

Unerfüllter Kinderwunsch. Das war schon zu biblischen Zeiten ein massives Problem. Für die betroffenen Frauen vor allem in sozialer Hinsicht. Und den Berufsstand der Reproduktionsmediziner gab es noch nicht. Was also haben die Betroffenen getan?

Von einigen wissen wir: Sie haben gebetet. Die Erfolgsquote dieser Maßnahme war bei den aktenkundigen biblischen Fällen auch nicht schlechter als die der High-Tech-Medizin heute. Beispiel Hannah: Eine Frau aus Israel, viele Jahre lang ungewollt kinderlos. Sie hat ihren Kummer Gott anvertraut. Und Gott hat reagiert. Hannah bekam ihr Wunschkind. *„Nun hat der Herr mir die Bitte erfüllt, die ich an ihn gerichtet habe"* (1. Samuel 1,27) - das waren Hannahs Worte nach der Geburt ihres Sohnes Samuel.

Es gibt bis heute kein Recht auf Kinder, keinen verbrieften Anspruch auf Familienglück. Aber es gibt das Recht, an Gott zu appellieren, an den Schöpfer allen Leben. Das Recht, ihn zu bitten; ihn regelrecht zu bestürmen und mit Herzenswünschen zu bearbeiten. Auch wenn es keine Garantie auf Erfüllung gibt: Es lohnt sich, dieses Recht wahrzunehmen.

Kein Traumjob

Preisfrage: Wie kann man echte Propheten von falschen unterscheiden? Ganz einfach: Man muss sie nur fragen, ob ihnen der Job Spaß macht. Wenn die Antwort *Ja* lautet, dann handelt es sich vermutlich eher um ein lukratives Geschäftsmodell und um eine windige Sache. Und dann sollten die Alarmglocken klingeln. Echte Prophetinnen und Propheten haben einen harten Job und machen sich leicht unbeliebt. Das ist nicht vergnügungssteuerpflichtig.

Eine besonders frustrierende Aufgabe hatte im ausgehenden 7. und frühen 6. Jahrhundert vor Christus der Prophet Jeremia. Er musste nacheinander fünf nicht besonders einsichtigen Königen die Leviten lesen. Über 40 lange Jahre hinweg. Am Ende hat Jeremia selbst noch den von ihm voraus gesagten Untergang des Reiches Juda miterlebt. Dabei hat Jeremia nicht mit Hinweisen gegeizt, wie man das Unheil noch hätte abwenden können. Zum Beispiel sollte er im Namen Gottes auf der Schwelle des Tempels in Jerusalem verkünden: *„Bessert euer Leben und euer Tun, so will ich bei euch wohnen an diesem Ort"* (Jeremia 7,3). Direkt anschließend kamen Tipps, was die Leute konkret hätten ändern sollen: Sie sollten anständig miteinander umgehen, niemanden übers Ohr hauen, keine Gewalt gegen Ausländer, Waisen und Witwen, kein Blutvergießen – und kein Liebäugeln mit den heidnischen Göttern der Nachbarvölker.

Bis auf den letzten Punkt sind das alles Selbstverständlichkeiten, ohne die das Zusammenleben von Menschen nun mal nicht funktioniert. Viel mehr hat der Gott Israels damals gar nicht verlangt von seinem auserwählten Volk. Und viel mehr erwartet er bis heute nicht von der Menschheit. Nur das eine: Er erwartet Vertrauen. Wir tun uns selbst einen Gefallen, wenn wir uns darauf einlassen. Sonst sind wir auch nicht schlauer als die Zeitgenossen Jeremias damals, vor 2.600 Jahren.

Hinter der Stirn

Wie oft habe ich mir das schon gewünscht: Wissen, was hinter der Stirn meines Gesprächspartners vorgeht. Oder meiner Gesprächspartnerin. Meiner Frau zum Beispiel. - Doch, das Talent zum Gedankenlesen würde vieles erleichtern. Man müsste diese Funktion freilich auch abstellen können. Ich will nicht wirklich wissen, was mein Zahnarzt denkt, während er mir im Mund herumfuhrwerkt. Und erst im Bus oder in der U-Bahn: Stellen Sie sich vor, was da so alles auf das Gedankenleseorgan einprasseln würde. Eine Kakophonie von Alltagssorgen, Banalitäten, Beziehungsstress, kleinen Freuden und Bosheiten.

Insofern ist Gott nicht zu beneiden. Von manchen Menschen können wir es nur ahnen, dass sie so etwas wie einen siebten Sinn haben. Von Gott wissen wir es ganz bestimmt. Gott ist definitionsgemäß allmächtig, also kann er auch Gedanken lesen. Das war schon den Psalmdichtern vor zweieinhalbtausend und mehr Jahren klar. *„Der Herr kennt die Gedanken der Menschen, sie sind nur ein Hauch,"* heißt es in Psalm 94,11.

Gott liest in den Gedanken der Menschen, auch in meinen Gedanken, wie in einem offenen Buch. Und er ist offenbar nicht sonderlich beeindruckt. Menschliche Ideen und Gedankengebäude, Pläne und Intrigen – aus seinem Blickwinkel „nur ein Hauch". Das ist auf der einen Seite schon ernüchternd. Auf der anderen Seite ein Grund, von Gott Großes zu erwarten. Bleibendes. Wenn Gott so abschätzig über menschliche Gedanken urteilt, dann muss von ihm ja umso mehr kommen. Dann müssen seine Gedanken von anderem Kaliber sein. Von einer anderen, höheren Qualität. Anspruchsvoll, aber in der Tendenz gut.

Gedanken lesen sollte man können. Aber wenn schon, dann bitte gleich Gottes Gedanken. Gottes Erwartungen an uns. Gottes gute Absichten mit der Welt und mit uns.

Die Sippenhaft ist abgeschafft

Die Bibel ist ein umfangreiches Buch, nicht ganz einheitlich im Stil – man kann es auch positiv ausdrücken: Es ist ein bunter Blumenstrauß, eine erstaunlich vielfältige Sammlung von Schriften unterschiedlichster Art. Da gibt's neben spannenden Erzählungen und Briefen auch Lieder und Gedichte und Sinnsprüche. Es gibt klassische Geschichtsschreibung, und man erfährt viel über Aufstieg und Niedergang großer Herrscher und ihrer Reiche im Vorderen Orient. Es gibt prophetische Bücher aus der Zeit zwischen dem 8. und 6. Jahrhundert vor Christus. Das Buch des Propheten Hesekiel zum Beispiel – ein Dokument aus dem Exil. Hesekiel gehörte zur Oberschicht des jüdischen Volkes, die im Jahr 597 vor Christus nach Babylon deportiert worden war.

Und nun ist interessant, dass das Buch Hesekiel auch in sich vielfältig ist. So liest sich ein Kapitel wie eine juristische Abhandlung über Sippenhaft. Sippenhaft war und ist bei Diktatoren und Gewaltherrschern aller Art eine beliebte Maßnahme – aber nicht beim Gott Israels. Hesekiel zufolge ist Gottes Rechtsauffassung eindeutig: Jede und jeder soll für die eigenen Fehler den Kopf hinhalten – aber auch nur für die. Nicht für die Sünden der Eltern oder der Kinder. Und generell gibt dieser Gott allen Menschen, auch den verdorbensten Subjekten, eine zweite Chance. Zitat: *„Wenn sich der Ungerechte abkehrt von seiner Ungerechtigkeit, die er getan hat, und übt nun Recht und Gerechtigkeit, dann wird er sein Leben erhalten"* (Hesekiel 18,27).

Neustart, alles zurück auf Los – Gott gibt seinen Geschöpfen Gelegenheit zur Umkehr. Es ist nur vernünftig, wenn Sie und ich diese Chance nutzen.

Das tägliche Brot

Wer Hunger hat, der oder die ist auch mit einer Kante Schwarzbrot zufrieden. Und das ist aus ernährungsphysiologischer Sicht allemal empfehlenswerter als der Griff in die Gummibärchentüte oder zum Schokoriegel. Brot ist ein Grundnahrungsmittel. Na gut – wir haben heute eine gigantische Vielfalt an Brotsorten. Da könnte man schon fragen: Welches Brot ist denn gemeint? Und wenn man es nicht ganz genau nimmt, dann kann man auch Reiscracker, Cornflakes und andere Cerealien unter den Gesamtbegriff Brot packen. Und schließlich gibt es seit Columbus auch noch die Kartoffel als Stärkelieferanten. Trotzdem würde niemand auf die Idee kommen, von der „täglichen Kartoffel" zu sprechen. Nein – was lebenswichtig, unverzichtbar ist, das ist und bleibt sprichwörtlich das „tägliche Brot".

Nun kommt der Wanderprediger aus Nazareth daher und behauptet von sich: *„Ich bin das lebendige Brot, das vom Himmel gekommen ist. Wer von diesem Brot isst, der wird leben in Ewigkeit."* Kann man nachlesen im Johannesevangelium (Johannes 6,51). Jesus behauptet also von sich: Ich bin lebenswichtig. Auf vieles kann man verzichten, auf mich nicht.

Zweitausend Jahre lang hat das mit dem „lebendigen" Brot manche Menschen ziemlich befremdet. Aber heutzutage gibt es ja im Supermarkt sogar „lebendige" Joghurtkulturen und „lebendiges", sprich aufgepepptes Wasser. Und von daher wissen wir Bescheid. Das Wort „lebendig" signalisiert einen Mehrwert. Wenn Jesus sagt: „Ich bin das lebendige Brot", dann geht es offensichtlich nicht um Kohlenhydrate. Nicht nur ums schiere Überleben. Sondern um eine höhere Lebensqualität. Und einen weiteren Lebenshorizont. Erweitert um die Dimension der Ewigkeit. Das macht dieses Brot so nahrhaft. Das macht Jesus einzigartig.

Quelle und Mündung

Mathematik ist ja nicht jedermanns Sache. „In Mathe schwach, sonst ok" – dazu würden sich garantiert Millionen Menschen bekennen. Trotzdem ist Mathematik natürlich nicht überflüssig. Mathematik hilft die Welt zu verstehen. Manchmal auch auf Feldern, wo man es nicht unbedingt vermutet. Etwa in der Philosophie. Und in Glaubensfragen. Denn die Theologen und Philosophen sind oft verlegen um gute, aussagekräftige Bilder. Die Mathematik hält davon einen großen Vorrat bereit.

Ein Beispiel. *„Von Gott und durch ihn und zu ihm sind alle Dinge"* (Römer 11,36). Das stammt vom Heidenapostel Paulus aus dem 1. Jahrhundert, ist eine theologische Aussage und klingt gut. Aber was heißt das denn? Wie soll man sich das vorstellen?

Heißer Tipp: Einfach mal an die Geometrie denken. Da gibt's die Parallele – zwei Geraden mit dem immer gleichen Abstand voneinander. Eindeutig voneinander verschieden. Nun sagt die Mathematik aber auch: Parallelen schneiden sich im Unendlichen. Wenn man die Parallele nach rechts oder links bis ins Unendliche verlängert, dann wird man irgendwann auf einen Schnittpunkt stoßen. Aber eben erst im Unendlichen.

Und nun kann man das ganz kühn verallgemeinern. All das, was wir in der sichtbaren und unsichtbaren Welt deutlich voneinander getrennt wahrnehmen, das kommt ursprünglich aus derselben Quelle. Das ist einmal von Gott ausgegangen. Und da geht es auch wieder hin. Mündet wieder in Gott. Alles strebt ihm zu, gern und freiwillig oder widerwillig – ganz egal. „Von Gott und durch ihn und zu ihm sind alle Dinge." Ein steiler Gedanke, und ausgerechnet die Mathematik lenkt den Blick auf den Schnittpunkt, auf Gott.

... außer Hochdeutsch

Schwaben können bekanntlich fast alles. Ich bin Schwabe, bin es immer gewesen. Eine Portion schwäbisches Selbstbewusstsein habe ich auch in die Wiege gelegt bekommen. Ich weiß, was ich so alles kann. Zumindest a bissle. Ich weiß auch, dass ich mich noch nicht einmal für mein Unvermögen schämen muss und für meine Ahnungslosigkeit auf vielen Gebieten. Da käme ich ja aus dem Schämen nicht mehr heraus, und Schämen reimt sich auf Lähmen – es kollidiert eindeutig mit der Lust am Schaffen.

Trotzdem ist mir natürlich klar: Was der Rest der Menschheit uns Schwaben zutraut und was wir uns manchmal stolz zugutehalten, von wegen Fast-Alles-Können, das ist dann doch ein wenig geschmeichelt. Auch die sprichwörtliche schwäbische Tüchtigkeit, wo es sie tatsächlich noch gibt, kann durchaus unterschiedliche Ursachen haben. Ausgeprägten Ehrgeiz haben die Schwaben nicht alleine gepachtet, Erfindungsgeist sagt man auch anderen Volksstämmen nach. Erst recht können sich die Schwaben nichts auf ihre relative Frömmigkeit einbilden. Noch nicht einmal darauf. Schließlich ist der Glaube ein Geschenk.

Aber die Beschenkten unter den Fast-Alles-Könnern, wenigstens die können die Komplimente an den weiterreichen, der sie verdient hat. Können mit den Worten des Apostels Paulus sagen: *„Ich vermag alles durch den, der mich mächtig macht"* (Philipper 4,13). Und dieser Ermächtiger und Ertüchtiger, auch der ist kein Schwabe, sondern er war in seinem Erdenleben ein Hebräer: Jesus Christus.

Damit die Bitte nicht im Spam-Filter hängen bleibt

Wenn's nach der landläufigen Meinung geht, dann muss Gott ein ausgesprochen dickes Fell haben und Nerven wie Drahtseile. Warum? Ganz einfach: Weil er zu jeder Tages- und Nachtzeit aus aller Welt im Hundertstel-Sekunden-Takt bombardiert wird mit Bitten und Anliegen. Vermutlich auch mit unvereinbaren, einander widersprechenden Bitten. Oder mit barem Unsinn. Deshalb regt sich in so manchem Heiden und bloßem Namenschristen ein bisschen Mitleid. Mag ihm der Herr im Himmel auch sonst schnuppe sein – aber eine solche Situation, die wünscht man niemandem. Noch nicht einmal dem Allmächtigen.

Dabei können sich die Gottlosen und Gleichgültigen ihr Mitleid auch sparen und sinnvoller anderswo investieren. Denn der Allerhöchste hat wunderbare Filtermöglichkeiten. Er kann vermessene, nicht ernst gemeinte und böswillige Bitten von vornherein ignorieren. Gott schert sich keinen Deut um Spam-Gebete, außer vielleicht, dass er sich die Störer und Lästerzungen merkt und bei Gelegenheit zur Brust nimmt. Aber das steht auf einem anderen Blatt.

Das eine, aktuelle Blatt, darauf ist der 1. Johannesbrief abgedruckt, und was steht da: Gott konzentriert sich auf die ernsthaften und verzweifelten Bitten, zumal auf die Bitten von Leuten, die ihn auch sonst ernst nehmen. Wörtliches Zitat: *„Das ist die Zuversicht, die wir haben zu Gott: Wenn wir um etwas bitten nach seinem Willen, so hört er uns"* (1. Johannes 5,14). Also: Erst mal überlegen, was Gott will. Und dann überlegen, was brauche ich. Was ersehne ich. Und passt das eine mit dem anderen zusammen. Und wenn ich mir nicht ganz sicher bin: Trotzdem mal die Bitte vortragen. Vertrauensvoll. Mutig. Dann sind die Chancen gut, dass die Bitte durchdringt. Dass sie nicht im Spam-Filter hängenbleibt. Dass Gott sie hört und er-hört. Ausprobieren!

10. Das ist unglaublich, aber auch wahr?

Die lieben Kleinen

Im 18. Jahrhundert ging der Philosoph Jean-Jacques Rousseau davon aus, dass sich Kinder von ganz allein zu mitfühlenden, moralisch handelnden Menschen entwickeln. Vorausgesetzt, die Erwachsenen halten sich raus. Ein Vormittag auf dem Dorfspielplatz vor unserem Küchenfenster, und Rosseau wäre von seinem Optimismus geheilt gewesen. Denn was hätte er beobachten können: Wie sich Paul und Jenny gegenseitig die Förmchen klauen, den Platz am Klettergerüst streitig machen oder einander mit üblen ehrverletzenden Schimpfwörtern belegen. Schon im Kindergartenalter tun sich da Abgründe auf. Ganz ohne den störenden Einfluss Erwachsener. Woher sollen die Kiddies auch wissen, was sich gehört – und was gar nicht geht?

Erziehung ist das Zauberwort. Gut, wenn die Eltern selber brauchbare moralische Maßstäbe haben – und den Kindern nicht verheimlichen, woher sie diese Maßstäbe beziehen. Vor mehr als 3.000 Jahren hat ein Mann namens Mose dem Volk Israel ans Herz gelegt: *„Eure Kinder kennen die Gebote Gottes noch nicht, aber sie sollen sie hören, damit sie lernen, Gott ernst zu nehmen und seinen Weisungen zu folgen"* (5. Mose 31,13). Ein guter Rat. Und eine Herausforderung für Erwachsene und Erziehungsberechtigte. Denn wenn ich Kindern die Gebote Gottes nahebringen will, wäre es günstig, dass ich sie selbst parat habe. Im Kopf und im Herzen.

Vielleicht hat der Mann namens Mose das vor mehr als 3.000 Jahren auch genauso beabsichtigt. Hat gewissermaßen über Bande argumentiert. Sprach von den Kindern – und zielte auf die Eltern. Gottes Gebote nützen den einen genauso wie den anderen.

Abwärts geht's von allein

Das Gesetz der Schwerkraft, das kennen Sie bestimmt, zumindest aus praktischer Erfahrung: Alles fällt. Die natürliche Bewegungs-richtung belebter und unbelebter Materie ist: Abwärts. Ab in den Keller. Runter bis zum tiefsten Punkt. Bis es nicht mehr weiter runter geht. Mit etwas Glück ist wenigstens die Landung da unten am Boden sanft. In vielen Fällen ist es ein harter Aufschlag. Schmerzhaft. Ernüchternd.

Einem Stein macht das herzlich wenig aus. Ein Stein ist tot. Menschen sind nicht so unempfindlich. Sie und ich, uns tut es weh. Wir kriegen Beklemmungen da unten, wo es dunkel ist und eng. Wir sehnen uns nach Licht, nach Weite, nach Gipfelerlebnissen. Wir haben Tiefenangst. Wir fürchten uns davor, immer weiter abzugleiten, abzustürzen ins Bodenlose. Und deshalb strampeln wir und mühen uns. Versuchen uns wieder aufzurappeln. Halt zu finden. Nach oben zu kommen. In jeder Hinsicht: Gesellschaftlich. Wirtschaftlich. Gesundheitlich. Beziehungsmäßig. Ohne Garantie auf Erfolg.

Eine solche Garantie gibt auch der Glaube nicht. Aber er verleiht Hoffnung. Vor etwa 3.000 Jahren hat ein gläubiger Mensch gebetet: *„Ich preise dich, Herr, denn du hast mich aus der Tiefe gezogen"* (Psalm 30,2). Er hat es erlebt. Bei ihm hat es funktioniert. Was einmal funktioniert hat, kann wieder funktionieren. Der Gott, der damals den Abgestürzten, Versackten wieder an die Oberfläche geholt hat, der betätigt sich auch heute noch als Lebensretter, als Berg- und Wasserwacht. *Wie* er hilft, das können wir ihm nicht vorschreiben. Aber *dass* er hilft, darauf können wir ihn festnageln. Mit dem Verweis auf den bewussten Vers aus Psalm 30: „Ich preise dich, Herr, denn du hast mich aus der Tiefe gezogen."

Das spricht allen Rechtsgrundsätzen Hohn

Rätselhaft und ausgesprochen verstörend ist sie, diese christliche Kernaussage vom stellvertretenden Leiden und Sterben. „Jesus erleidet für mich die Todesstrafe, an meiner Stelle, er bezahlt für meine Schulden, er hält für mich den Kopf hin" – das spricht allen menschlichen Rechtsgrundsätzen Hohn.

„Ich bin's, ich sollte büßen!" hat Paul Gerhard, der wohl größte protestantische Liederdichter, geschrieben. Ich bin's. Stattdessen hängt ein anderer am Galgen. Ein Unschuldiger, unschuldig in jeder Hinsicht. Dass es irgendwann so weit kommen würde, so weit würde kommen müssen, das hat schon Jahrhunderte vor Jesus ein frommer Mensch vorausgesehen in erschütternder Deutlichkeit. Im Buch des Propheten Jesaja Kapitel 53 steht das Lied vom leidenden Gottesknecht, und da findet sich die Formel: *„Die Strafe liegt auf ihm, auf dass wir Frieden hätten"* (Jesaja 53,5).

Dabei hätte der Prophet doch eigentlich wissen müssen: Das ist unmöglich nach allem, was recht und billig ist. Im Gesetzbuch Israels, im 5. Buch Mose, da wird der Rechtsgrundsatz aufgerichtet: Jeder Mensch ist für seine eigenen Untaten verantwortlich (5. Mose 24, 16). Und in Psalm 49,8 heißt es: „Kein Mensch kann einen anderen auslösen oder für ihn an Gott ein Sühnegeld geben, denn es kostet zu viel." Dass ein anderer stellvertretend bestraft wird, selbst wenn der sich freiwillig meldet – das kann und darf nicht sein. Wo kämen wir da hin?

Aber nun ist das Unmögliche doch eingetreten. Gott hat es möglich gemacht. Einer hat für mich, für Sie, für andere bezahlt. Einer hat das eherne Prinzip „Schuld und Sühne" ausgehebelt. „Die Strafe liegt auf ihm", dem Unschuldigen. Dem Unschuldslamm. Was haben wir davon? Wenn wir wollen, haben wir Frieden. Frieden, den es auf anderem Weg nicht gibt.

Richtige Frage – falsch gestellt

„Was ist Wahrheit?" Eine berühmte Frage, gestellt hat sie der römische Statthalter Pontius Pilatus vor knapp 2.000 Jahren in einem der merkwürdigsten Verhöre der Rechts- und Weltgeschichte. Pilatus hat den galiläischen Wanderprediger Jesus aus Nazareth vor sich und will sich einen Eindruck verschaffen: Ist der Mann eine Gefahr für die öffentliche Ordnung? Hat er sich strafbar gemacht? Und wenn nicht, muss man ihn vielleicht trotzdem aus dem Verkehr ziehen? Muss man ihn vielleicht aus Staatsräson zum Schweigen bringen? Zur Überraschung des Pilatus erweist sich Jesus als ebenbürtiger Gesprächspartner. Der denkwürdige Wortwechsel ist im Johannesevangelium Kapitel 18 überliefert. Unter anderem sagt Jesus dort: *„Ich bin dazu geboren und in die Welt gekommen, dass ich die Wahrheit bezeugen soll. Wer aus der Wahrheit ist, der hört meine Stimme"* (Johannes 18,37).

Ein unerhörter Anspruch, dem sich Pilatus nicht stellen will. Vielleicht verbietet es auch seine Funktion als römischer Statthalter in Judäa, dass er sich ernsthaft darauf einlässt. Pilatus nimmt Zuflucht zu der berühmten Frage: „Was ist Wahrheit?" Und damit beendet er die Diskussion. Er wartet die Antwort nicht ab, sprich: Er will es nicht wirklich wissen. Dabei war seine Frage richtig gut. Denn Jesus steht für die Wahrheit.

Jesus verkörpert Wahrheit, an anderer Stelle sagt er sogar von sich selbst: „Ich <u>bin</u> die Wahrheit." Seinen Anhängern empfiehlt Jesus unbedingte Wahrhaftigkeit. Sie können vielleicht nicht in der Weise selbst Wahrheit sein, wie Jesus es ist, aber wahrhaftig sein, der Wahrheit verpflichtet und verhaftet sein – das schon. Auf die Gefahr hin, dass sie auffallen in einer Welt, die es mit der Wahrheit nicht immer so genau nimmt.

Gesprengte Ketten

In Rom gibt es unglaublich viele Kirchen. Eine bei Touristen und Pilgern besonders populäre Kirche ist „San Pietro in vincoli" – zu deutsch: „St. Peter in Ketten." Ihren Namen verdankt die Kirche einer kuriosen Reliquie. Genau genommen sind es zwei Erinnerungsstücke, die buchstäblich zusammenhängen. Zwei Ketten. Die eine stammt der Überlieferung nach aus dem mamertinischen Kerker, jenem düsteren Gefängnis an der nordwestlichen Ecke des Forum Romanum. Hier soll der Apostel Petrus unter Kaiser Nero gefangen gehalten worden sein. Angeschmiedet mit eben jener Kette. - Das zweite Stück Kette ist auffällig anders und stammt angeblich aus Jerusalem. Auch dort hatte Petrus ja schon mal ein Gefängnis von innen gesehen; und auch dort war er in Ketten gewesen. Kaiserin Licinia Eudoxia soll diese Kette Mitte des 5. Jahrhunderts nach Rom gebracht und Papst Leo ausgehändigt haben. Der hatte ja schon die Kette aus dem mamertinischen Kerker und verglich in seiner Neugier die eine mit der andern. Bei der Gelegenheit, so sagt es die Legende, soll sich das eine Stück unlösbar mit dem andern verbunden haben.

Das klingt fast so spektakulär wie das, was über die Jerusalemer Gefangenschaft von Petrus bekannt ist. Genauer: Über das Ende dieser Gefangenschaft. Und das kann man nachlesen in der Apostelgeschichte. *„Der Engel des Herrn kam herein", heißt es da, „und Licht leuchtete auf in dem Raum; und er stieß Petrus in die Seite und weckte ihn und sprach: Steh schnell auf! Und die Ketten fielen ihm von seinen Händen"* (Apostelgeschichte 12,7).

Entscheidend an diesen Ketten war also nicht, dass Petrus mit ihnen gefesselt war – sondern dass und wie er sie losgeworden ist. Ein Bote Gottes hat ihn davon befreit. Hat ihn an den Justizvoll-zugsbeamten vorbei geschleust und aus dem antiken Knast hinausgeführt. Zumindest was diesen Teil der Reliquie angeht, trägt die Kirche „San Pietro in vincoli" den falschen Namen. „San Pietro in libertà" müsste sie heißen – „St. Peter in Freiheit." Frei war der Apostel, freimütig trat er schon vor und erst recht nach dieser Episode auf. Und das Evangelium, die Botschaft, die er zu sagen hatte, ließ sich erst recht nicht an die Kette legen.

Blick zu den Sternen

Mit der Hoffnung ist das so eine Sache. Kein Mensch kommt ganz ohne Hoffnung aus. Zu viel und allzu verwegene Hoffnung ist aber auch zweifelhaft. Von daher lautet die Preisfrage: Woran und wie kann man begründete Hoffnung unterscheiden von bloßem Wunschdenken?

Einen nützlichen Tipp hat dazu der irische Schriftsteller Oscar Wilde gegeben, zwar verschlüsselt in einem Bild, aber so, dass man es entschlüsseln kann. Oscar Wilde behauptet: „Wir alle schreiten durch die Gasse, aber einige wenige blicken zu den Sternen auf."

Wer wirklich hofft und nicht nur träumt, steht auf dem tragfähigen Boden der Wirklichkeit, hat allerdings den Blick nicht nur auf den Boden geheftet. Der oder die Hoffende hebt zwischendrin den Blick zu den Sternen – die sind ja auch wirklich, sind nicht nur Wunschdenken. Es ist also nicht lächerlich, zu den Sternen aufzublicken. Es ist im Gegenteil sehr vernünftig, denn es weitet den Blick.

1.800 Jahre vor Oscar Wilde hat der Apostel Paulus in seinem Brief an die Christen in Rom geschrieben: *„Hoffnung macht uns nicht zum Gespött"* (Römer 5,5). Die Hoffnung nämlich, die in der Erfahrung der Liebe Gottes wurzelt, die sich auch in schwierigen Zeiten nicht verflüchtigt und sich in Geduldsproben bewährt. Und die Liebe, in der diese Hoffnung gründet, kann man auch heute erleben. Wie der Blick zu den Sternen ist auch die Hoffnung auf Gott wohlbegründet und Ausweis von Wirklichkeitssinn.

Warum Blumhardt verschwand

Christoph Blumhardt der Jüngere war eine der markantesten protestantischen Persönlichkeiten des späten 19. und frühen 20. Jahrhunderts. Ein evangelischer Pfarrer mit einem Blick für das Elend der Fabrikarbeiter und für die Opfer der Industrialisierung. Blumhardt kandidierte 1900 für die württembergischen Sozialdemokraten und wurde auch prompt in den Landtag gewählt. Als es 1906 um eine zweite Kandidatur ging, war Blumhardt plötzlich verschwunden. Er hatte sich auf eine Reise ins Heilige Land begeben, auch, um den Parteihändeln und dem Schieben und Treten auf dem politischen Parkett zu entkommen. Da konnte und wollte er nicht länger mittun.

Er hätte sich dabei auf den Apostel Paulus berufen können. Denn was hat der im 2. Korintherbrief im Hinblick auf den Auftrag der Christen geschrieben? *„Gott hat uns mit sich selber versöhnt durch Christus und uns das Amt gegeben, das die Versöhnung predigt"* (2. Korinther 5,18).

Das Amt der Versöhnung. Das schiere Gegenteil von Parteipolitik. Denn dort geht es um Auseinandersetzung. Da will man Positionen durchsetzen. Da muss man sich abgrenzen vom politischen Konkurrenten. Selbst in einer Koalition geht es zumeist nicht wirklich um die Versöhnung von Standpunkten, sondern da einigt man sich oft nur zähneknirschend auf einen kleinsten gemeinsamen Nenner.

Das Amt der Versöhnung ist nichts für Streithammel. Höchstens, wenn sie ihrerseits versöhnlich geworden sind. Versöhnt mit Gott durch Christus kann man auch auf seine Mitmenschen anders zugehen. Im Amt der Versöhnung wird der Kampfgeist, die nach vorne drängende Impulsivität kanalisiert. Die Energie richtet sich nun darauf, verbitterten und verbissenen Zeitgenossen ebenfalls Versöhnung anzubieten. Versöhnung mit Gott – und Versöhnung mit Menschen. Das Gute daran ist: Man muss nicht erst wie Christoph Blumhardt einen Ausflug in die Parteipolitik machen, um ins Amt der Versöhnung zu gelangen.

Mehrdimensional

Was hat Geometrie mit der Liebe zu tun? Eine Antwort wäre diese: Geometrie ist ein Teilbereich der Mathematik, und die gibt vielen Menschen genauso große Rätsel auf wie das Geheimnis der Liebe.

Eine zweite Antwort wäre: Man muss Geometrie nicht bis ins Detail verstehen, aber es ist ganz nützlich, wenn man begreift, dass sie funktioniert. Und mit der Liebe ist es ähnlich. Wer erst zu lieben anfängt, wenn er oder sie verstanden hat, was da passiert, fängt womöglich nie damit an – und das wäre wirklich schade. Denn Lieben und geliebt werden, das gibt es wirklich, das funktioniert.

Eine dritte Antwort ist knapp 2.000 Jahre alt und findet sich im Brief des Apostels Paulus an die Christen in Ephesus an der Westküste der heutigen Türkei. Paulus schreibt dort: *„Ihr sollt in der Liebe verwurzelt bleiben und unerschütterlich an ihr festhalten. Sie in ihrer Breite, Länge, Höhe und Tiefe zu erfassen – dazu sollt ihr befähigt werden. Und ebenso dazu, die Liebe zu erkennen, die alle Erkenntnis übersteigt"* (Epheser 3,18f). Nämlich die leidenschaftliche Liebe, die Jesus Christus gezeigt hat.

Liebe ist offensichtlich nicht platt, ist auch nicht einfach. Liebe ist vielschichtig und komplex. Liebe in all ihren Dimensionen verstehen und sich darin üben, das ist eine Lebensaufgabe. Die größte Liebe von allen hat Jesus Christus bewiesen – er hat sein Leben für seine Anhängerinnen und Anhänger eingesetzt. Ohne Rücksicht auf sich selbst. Das geht über den menschlichen Verstand. Aber zumindest eines kann ich, können Sie tun: Darüber staunen – und Jesus das Vertrauen aussprechen.

... dann wenigstens für ewig

„Wenn schon nicht für immer, dann wenigstens für ewig" - das war der Titel des Albums, das der Sängerin und Poetin Ulla Meinecke 1983 zum Durchbruch verholfen hat. Dieser Titel kommt mir in den Sinn, drängt sich mir regelrecht auf bei der Lektüre eines Satzes aus dem Brief an die Hebräer im Neuen Testament. Denn was lese ich da: *„Jesus kann für immer retten, die durch ihn zu Gott kommen, weil er ja allezeit lebt, um für sie einzutreten"* (Hebräer 7,25). Für immer - allezeit.

Jesus, der Mann aus Nazareth, der Ziehsohn des Zimmermanns Josef, der „rauhe Gefährte," so hat ihn der amerikanische Dichter Ezra Pound einmal charakterisiert. Jesus, der Rabbi aus der Provinz, der es den Schriftgelehrten zeigt. Dieser Jesus soll nicht nur eine geschichtliche Gestalt sein, sondern überzeitlich. Jesus, der Sohn Gottes, der Messias. Immer und ewig da für die Menschen, die ihm vertrauen. Allzeit bereit, sein gutes Wort für sie einzulegen. Sich für sie zu verwenden bei Gott, bei seinem Vater.

Ein hoher Anspruch. Und diesen Anspruch hat ihm niemand angedichtet, den hat Jesus selbst erhoben. Jesus kann retten. Jesus ist da für alle, die auf ihn vertrauen. Immer und ewig.

11. Das sind ja Aussichten!

Sozialprogamm

Lange vor der Erfindung der sozialen Marktwirtschaft, auf die Deutschland so stolz ist. Lange vor den fortschrittlichen Sozialgesetzen Bismarcks. Lange vor der Einführung der Schulpflicht durch den „Alten Fritz" - urlange vorher hat sich bereits die allerhöchste Instanz erklärt. Gott persönlich hat sich die soziale Frage zu eigen gemacht.

Vor rund 3.300 Jahren hat Gott dem Volk Israel am Ende der Wüstenwanderung, in Sichtweite des Gelobten Landes, eine soziale Agenda verordnet, die bis heute brennend aktuell wirkt. Vor allem, wenn man mit in Betracht zieht, wie sich der Autor dieser Agenda vorstellt: als „der Mächtige, der die Person nicht ansieht und kein Geschenk nimmt." Und dann kommt ein Satz, der müsste eigentlich allen Politikern in den Ohren klingeln und müsste sie zu entschiedenem Einsatz und größter Ernsthaftigkeit anspornen: *„Der Herr schafft Recht den Waisen und Witwen und hat die Fremdlinge lieb, dass er ihnen Speise und Kleider gibt. Darum sollt ihr auch die Fremdlinge lieben"* (5.Mose 10,18.19).

Altersarmut, Bildungs- und Erziehungsnotstand, Fremdenhass und Hetze gegen Migranten – Gott sieht dem garantiert nicht teilnahmslos zu. Ergreift Partei und schreibt das auch den Leuten, die ihm vertrauen, ins Stammbuch. Wie sieht Gottes Sozialprogramm aus? Den vernachlässigten Kindern, den vereinsamten Alten zu ihrem Recht verhelfen. Flüchtlinge und Zuwanderer einfädeln in die Gesellschaft, ihnen Würde zugestehen. Sie nicht nur notgedrungen dulden, sondern lieben. Darunter macht es Gott nicht. Und um seine soziale Agenda zu verwirklichen, setzt er auf Menschen wie Sie und mich.

(Fast) immer zu sprechen

Ich hasse Anrufbeantworter. Wenn ich jemanden anrufe, dann möchte ich schon mit dem- oder derjenigen persönlich sprechen und nicht mit einer Maschine. Wer nur ein Tonband oder einen Speicherchip laufen lässt, ist offensichtlich nicht für mich zu sprechen. Hat kein Ohr und keine Zeit für mich. Bedauerlich, aber dann versuche ich es eben später nochmal.

Von Gott weiß ich: Der nimmt nur extrem selten Zuflucht zum AB. Ist meistens ansprechbar. Ausnahmen bestätigen die Regel. Im alten Orient hat es mal ein Volk geschafft, Gott derart auf die Palme zu bringen, dass er den Leuten anschließend signalisiert hat: Es hat keinen Zweck. Ihr könnt mich mit Bitten noch so bombardieren, ich höre nicht mehr zu. Vergesst es. – Aber das ist wie gesagt die Ausnahme. Und diese Ausnahme haben dieselben Leute provoziert, die die Regel erlebt haben.

Was ist die Regel: Gott lässt mit sich reden. Gott hat ein offenes Ohr für menschliche Gebete, für Lob genauso wie für Wehklagen, für Beschwerden ebenso wie für Jubel. Im Liederbuch Israels, in den Psalmen, hat vor knapp 3.000 Jahren jemand gedichtet: *„Gelobt sei Gott, der mein Gebet nicht verwirft noch seine Güte von mir wendet"* (Psalm 66,20). – Das ist die Regel. Gott meint es gut mit seinen Geschöpfen, und er hört zu, wenn sich Menschen mit ihren Anliegen an ihn wenden. Gott wimmelt sie nicht ab, schaltet nicht auf Durchzug, verbannt sie nicht in die Warteschleife. Wäre Gott auf Facebook, er hätte viele Likes verdient.

Aufbaukur

Wie ich das hasse: Da reicht mir jemand die Hand zum Gruß, aber was ich zu fassen bekomme, das ist ein schlaffes, unentschlossenes Etwas. Einen kraftlosen Händedruck kann man sich auch gleich sparen und stattdessen ein unverbindliches „Hallo" hauchen.

Wie ich das fürchte: Pudding in den Knien, allzu großer Respekt vor einer Aufgabe oder auch vor einem Menschen, der mir vermeintlich viel voraushat. Oder ein Hungerast auf halbem Weg zum Ziel. Schwindende Kräfte beim Aufstieg auf einen Berg.

Müde, schlaffe Hände und wacklige Knie, Furcht und Lähmung – davon hatte der Prophet Jesaja vor 2.700 Jahren auch schon eine Vorstellung. Das konnte er in seiner nächsten Umgebung beobachten. Aber der Gott Israels hat ihm eine Botschaft aufgetragen, die wirkte wie Traubenzucker, wie ein Powerriegel, wie ein Adrenalinstoß, wie eine Aufbaukur. Was sollte Jesaja seinen Landsleuten ausrichten? *„Stärkt die müden Hände und macht fest die wankenden Knie!"* So liest sich das in Jesaja 35,3. Und was sollte diesen Wandel zum Guten bewirken? Die Aussicht auf Gottes Hilfe. *„Seht, da ist euer Gott. Er kommt und wird euch helfen."*

Bei Nervenflattern, unvermittelter Kraftlosigkeit und Pudding in den Knien Gottes Hilfe erbitten – das ist auch heute einen Versuch wert. Weiß ich aus eigenem Erleben und kann ich weiterempfehlen.

An Tagen wie diesen

15. September 2008. Schwarzer Montag. Die amerikanische Großbank Lehman Brothers ist pleite und reißt die halbe Finanzwelt mit in den Abgrund. Selten hat die Wirtschaftspresse in so kurzer Folge so drastische, apokalyptische Bilder bemüht, selten wurden so vernichtende Urteile gesprochen wie in jenen Wochen. Kein Begriff schien stark genug zu sein für das, was vorgefallen war. Absturz, Vernichtung, bedingungslose Kapitulation, Vermögen verbrannt, Vertrauen zerstört – und was die Experten sonst noch alles gesagt haben in diesem Zusammenhang.

Wohlgemerkt: Es ging um Geld. Um Vermögenswerte. Ich bin versucht zu sagen: Es ging <u>nur</u> um Geld. Es ging nicht um Leib und Leben. Ich weiß wohl: Mittelbar ging es bei der Finanzmarktkrise für viele Menschen um die berufliche Existenz, um das Auskommen im Alter; mittelbar ging es um schmerzhafte Einschnitte in die Lebensgestaltung. Aber das Ende der Welt sieht vermutlich doch anders aus.

Die bestürzenden Vorgänge an den Finanzmärkten 2008 haben eine bemerkenswerte biblische Parallele. Das Buch des Propheten Joel im Alten Testament, das liest sich wie das Drehbuch zur Finanzkrise. Alles kommt darin vor – angefangen bei den Heuschrecken, die alles kahlfressen. Der schwarze Montag heißt dort „Tag des Herrn". Die Finanzwirte und Bankdirektoren unserer Zeit haben sich vermutlich gewünscht, ihre Geschichte würde so weiter gehen wie beim Propheten Joel. Denn dort wird am Ende alles wieder gut. Für fast alle. Da gibt es nach dem Sturm die Erholung. Die Frage ist freilich: Wie kommt es dahin? Antwort: Durch Umkehr. Umkehr zu Gott.

„Der Tag des Herrn ist groß und voller Schrecken, wer kann ihn ertragen?", sagt der Prophet (Joel 2,11). Und weiter: *„‚Doch auch jetzt noch,' spricht der Herr, ‚bekehrt euch zu mir von ganzem Herzen!'"* Das heißt: Mitten im Desaster, gerade dort, geht es noch weiter. Selbst da, wo alles futsch ist, geht es weiter. Nicht einfach „weiter so" wie bisher. Aber weiter. Für Umkehr, Buße, Neuanfang ist es offensichtlich nie zu spät.

Das letzte Stündlein

Mit dem Thema Tod soll man ja keine Späße machen. Dafür ist es zu ernst. Und selbst wenn jeder Mensch irgendwann einmal ein Rendezvouz mit dem Tod hat: Mit dem Gedanken an das Sterben sollte man auch nicht kokettieren. Jedenfalls nicht in jungen Jahren.

Wenn man erst mal ein gesegnetes Alter erreicht hat, dann darf man freilich schon mal ans letzte Stündlein denken und durchaus auch darüber reden. Nicht zu oft - man will seinen Mitmenschen ja nicht auf den Wecker gehen, indem man sie ständig mit dem Gedanken an das eigene Ableben konfrontiert. Aber im Einzelfall kann es schon angezeigt sein.

In der Weihnachtsgeschichte nach Lukas tritt ein würdiger Greis auf, sieht das Wickelkind Jesus und bricht plötzlich in Begeisterung aus. Den Blick nach oben gerichtet, sagt er: *„Herr, du lässt deinen Diener in Frieden fahren, wie du gesagt hast; denn meine Augen haben deinen Heiland gesehen"* (Lukas 2,29+30). Da hat sich offenbar eine glühende Sehnsucht erfüllt. Von wegen Resignation und Lebensmüdigkeit. Die Begegnung mit Jesus ist für den Mann noch mal ein richtiges Highlight, wenn nicht sogar das Größte überhaupt.

Die Moral von der Geschicht: Vieles im Leben kann man sich schenken. Braucht man nicht wirklich. Auf vieles kann man getrost verzichten. Aber die Begegnung mit Jesus, dem Messias, die Auseinandersetzung mit ihm, die sollte man sich nicht entgehen lassen. Und zum Glück muss sich das heute auch niemand bis ans Lebensende aufsparen.

Rettet das Futur I

Wie viele Sprachschützer versuchen den Dativ und den Genitiv zu retten, weil diese beiden grammatikalischen Fälle angeblich vom Aussterben bedroht sind. Aber um das allmähliche Verschwinden des Futur I schert sich keine Socke.

Futur I – die Zukunftsform. Ich werde, du wirst, sie wird; wir werden, ihr werdet, sie werden dies und das tun oder lassen. Schön, dass es diese Zukunftsform gibt. Nur leider kommt sie immer seltener zum Einsatz. Ist anscheinend verzichtbar geworden.

Ein Reservat für diese bedrohte Zeitform ist die Apostelgeschichte im Neuen Testament. Dort erweist sich Jesus als ein Redner alter Schule, der das Futur I noch kennt und richtig einsetzt. Ziemlich am Anfang der Apostelgeschichte, 40 Tage nach Ostern, unmittelbar vor der Himmelfahrt, sagt Jesus seinen Schülern und Freunden: **„Ihr werdet die Kraft des Heiligen Geistes empfangen, der auf euch kommen wird, und werdet meine Zeugen sein"** (Apg. 1,8).

Ihr werdet. Futur I. Wobei die hier beschworene Zukunft gar nicht so fern war. Zehn Tage später war es so weit. Da hat es sich ereignet, da wurde zum Perfekt, was eben noch Zukunft war. Futur. Seit damals ist der Heilige Geist in der Welt. Seit damals gilt für alle, die an den Auferstandenen glauben: Sie sind Zeugen. Sie stehen unter Beobachtung. Sie bekommen Gelegenheit, sich zu erklären. Sich zu Jesus zu bekennen. Sie werden gefragt, sie werden gemessen an ihrem Meister und Vorbild. Und zwar im Präsens, in der Gegenwart.

Was das Futur I angeht: Für die Zukunft hat sich Jesus auch noch einiges aufgespart. Sachdienliche Hinweise darauf, wenn auch zum Teil verschlüsselt, finden sich in den Evangelien.

Warum die Sonne für alle scheint

Meine Schwiegermutter ist phänomenal in vielerlei Hinsicht. Zum Beispiel erwischt sie grundsätzlich gutes Wetter, wenn sie in Urlaub fährt. Immer. Mag es anderswo grau und regnerisch sein – bei ihr scheint die Sonne. Recht geschieht ihr.

Anderen Leuten gönne ich den Sonnenschein und überhaupt das Dasein auf der Sonnenseite des Lebens nicht so ohne Weiteres. Womit hat gerade X es verdient, dass er so viel mehr verdient als ich, sich das Häuschen am Staffelsee leisten und dem lieben Gott den Tag stehlen kann, während andere schuften müssen? Warum kommt Y mit seinem zweifelhaften Geschäftsmodell ungeschoren davon und lacht sich eins, während ich mich abstrampeln muss, dass ich auf einen grünen Zweig komme?

Der Volksmund sagt so schön: „Der Ehrliche ist der Dumme." Und natürlich gehöre auch ich zu denen, die sich für ehrlich halten und gern selbst bemitleiden. Aber zum einen muss der Spruch mit den dummen Ehrlichen ja erst noch bewiesen werden. Es könnte ja durchaus sein, dass er nur dem Anschein nach stimmt. Zum andern kann die gefühlte Ungerechtigkeit auch nur belegen: Gute wie böse Menschen können Erfolg haben, gute wie böse Menschen können scheitern. Das ärgert manche Leute ja auch schon gehörig.

Jesus sagt in der Bergpredigt über Gott: *„Er lässt seine Sonne aufgehen über Böse und Gute und lässt regnen über Gerechte und Ungerechte"* (Matthäus 5,45). Das ist ein Zeichen der Souveränität Gottes und seiner fürsorglichen Art. Wenn er den Ungerechten das Wasser abstellen würde, dann würde es die Gerechten ja genauso treffen. Würde er den Bösen das Licht ausknipsen, dann würden die Guten ja auch darunter leiden.

So gesehen ist es der schiere Eigennutz, wenn ich nicht nur meiner Schwiegermutter alles Gute wünsche, sondern auch anderen Menschen. Denn was Gott freimütig allen schenkt, davon bekomme ich garantiert auch etwas ab.

Sendungsbewusst

Jesus, dem Wanderprediger aus Nazareth, wird ja alles Mögliche nachgesagt, aber eines kann man ihm jedenfalls nicht unterstellen: Falsche Bescheidenheit. Genauso wenig, wie man ihm übertriebene Selbstdarstellerei vorwerfen kann. Mit der Öffentlichkeit hat es Jesus unterschiedlich gehalten – mal hat er sie gemieden, bei anderen Gelegenheiten hat er sie regelrecht gesucht.

Im Johannesevangelium wird von insgesamt drei Reisen nach Jerusalem berichtet – drei Reisen ins religiöse wie gesellschaftliche Zentrum des jüdischen Volkes. Dort waren gewissermaßen immer die Kameras an, dort waren die Menschen ohnehin sensibilisiert. Also hat Jesus dort auch jedes Mal Klartext geredet. Bei seinem ersten Aufenthalt in der Stadt regten sich ein paar Extrafromme darüber auf, dass Jesus am Feiertag einen langjährig Kranken behandelt hatte – und das auch noch unter Berufung auf Gott. Wie ist Jesus mit der Kritik umgegangen? Er blieb sachlich, aber dabei hat er seinen Anspruch unmissverständlich bekräftigt. Unter anderem sagte er: *„Wer mein Wort hört und glaubt dem, der mich gesandt hat, der hat das ewige Leben und kommt nicht in das Gericht, sondern er ist vom Tod zum Leben hindurchgedrungen"* (Johannes 5,24).

Eine unerhörte Aussage. Daran hatten die Kritiker damals eine Weile zu kauen. Und auch zweitausend Jahre später kann man diesen Anspruch nicht einfach abtun. Die Gretchenfrage, der sich jede und jeder stellen muss, der niemand ausweichen kann, lautet: Ist Jesus das, was er von sich behauptet? Ist er der Sohn Gottes, der von Gott versprochene Retter, die Tür zum ewigen Leben – oder ist er es nicht?

Wiesenbingo

Sie liebt mich, sie liebt mich nicht, sie liebt mich… Je nachdem, was für eine Margerite ich erwischt habe, fällt das Ergebnis anders aus. Die Zahl der weißen Zungenblüten variiert munter zwischen 15 und 25. Ist die Zahl gerade, dann habe ich Pech gehabt, und sie liebt mich nicht. Ist sie ungerade, dann bin ich gut dran. Dann endet das Spiel mit „Sie liebt mich."

Sommerliches Wiesenbingo. Zum Glück muss seit vielen Jahren keine Margerite mehr daran glauben, damit ich weiß: sie liebt mich. Nicht die Margerite, sondern die Frau, die mit mir das Leben teilt. Sie liebt mich. Ich liebe sie. Immer noch und immer wieder.

Zum Glück muss ich auch keine Blüten zupfen, um mich der Liebe Gottes zu versichern. Er liebt mich, ganz gleich, ob die Zahl der Blütenblätter gerade oder ungerade ist. Er liebt mich nicht – der Zustand ist nicht vorgesehen. Er liebt mich, denn wie heißt es im Neuen Testament (1. Johannes 4,16): *„Gott ist die Liebe, und wer in der Liebe bleibt, der bleibt in Gott und Gott in ihm."*

Auf gut deutsch: Gottes Liebe erwidern, in seiner Liebe baden – das ist die beste Garantie dafür, dass sich diese Liebe nicht erschöpft. Wenn ich will, dann kann ich an Blüten gleich welcher Art mit dem immer gleichen beruhigenden und begeisternden Ergebnis abzählen: Er liebt mich. Er liebt mich. Er liebt mich.

Weitere Bücher und Schriften des Autors:

Jochen Klepper, Neufeld Verlag Schwarzenfeld 2011,
ISBN 978-3-86256-014-1

Eberhard Arnold – ein Leben im Geist der Bergpredigt,
Neufeld Verlag Schwarzenfeld 2013,
ISBN 978-3-86256-035-6

Gott und Google – der kleine, feine Unterschied,
TWENTYSIX 2016, ISBN 978-3-740-71148-1

Das Böse – der Feind, den wir nicht lieben müssen,
TWENTYSIX 2017, ISBN 978-3-740-72591-1

XUND – Heil und Heilung aus christlicher Sicht,
TWENTYSIX 2018, ISBN 978-3-740-73556-2

Allzu viel ist ungesund – Aberglaube = Überglaube
TWENTYSIX 2020, ISBN 978-3-740-76366-4

Alle Titel erhältlich im Druck und als E-Book.